Cuccioli
Libro da colorare

Coloring Pages for Kids

Coloring Pages for Kids
An imprint of Ciparum LLC

Cuccioli Libro da colorare
© 2017 Ciparum LLC
All rights reserved.
ISBN-10:1-63589-322-4
ISBN-13:978-1-63589-322-9

Coloring Pages for Kids

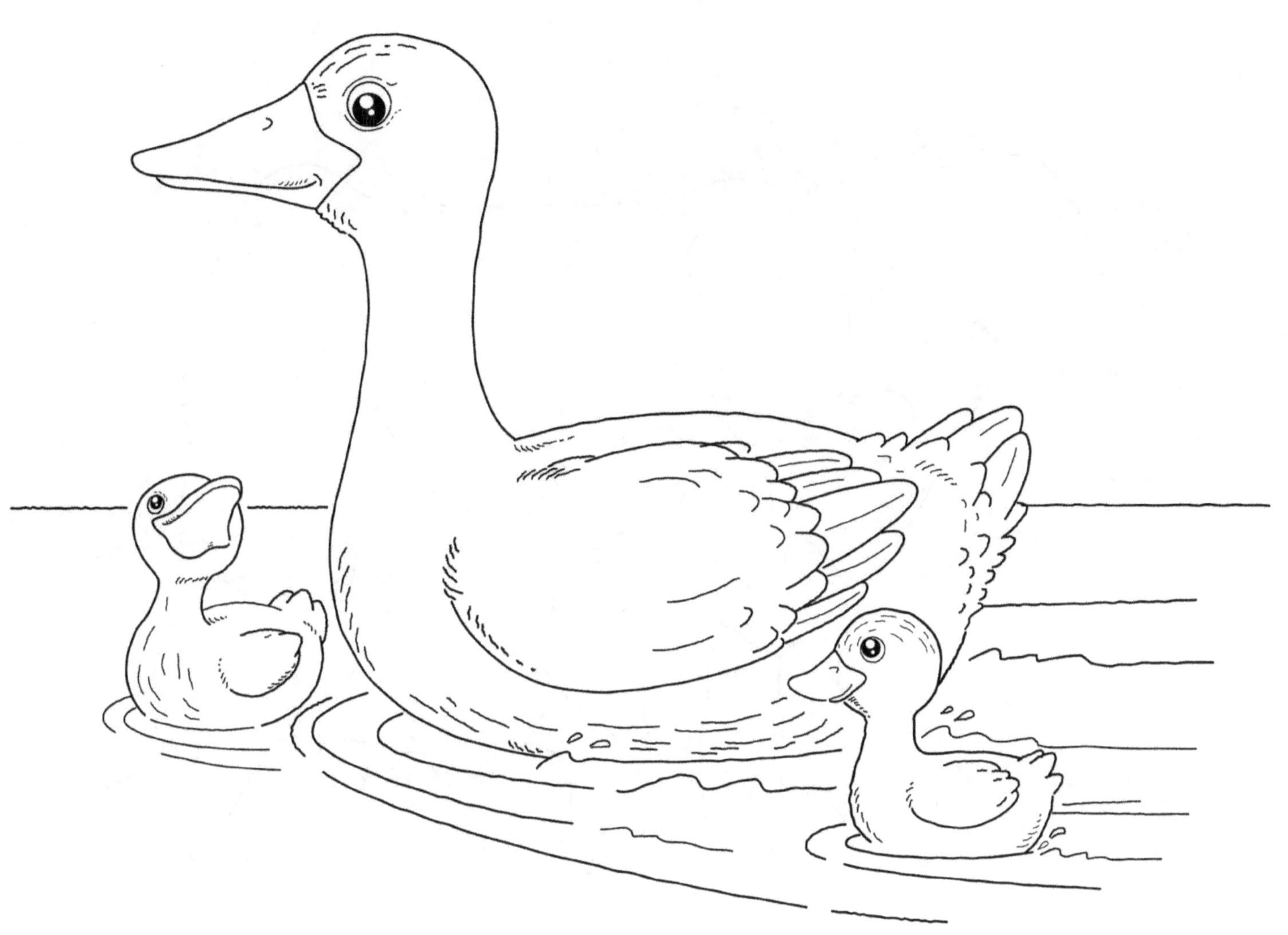

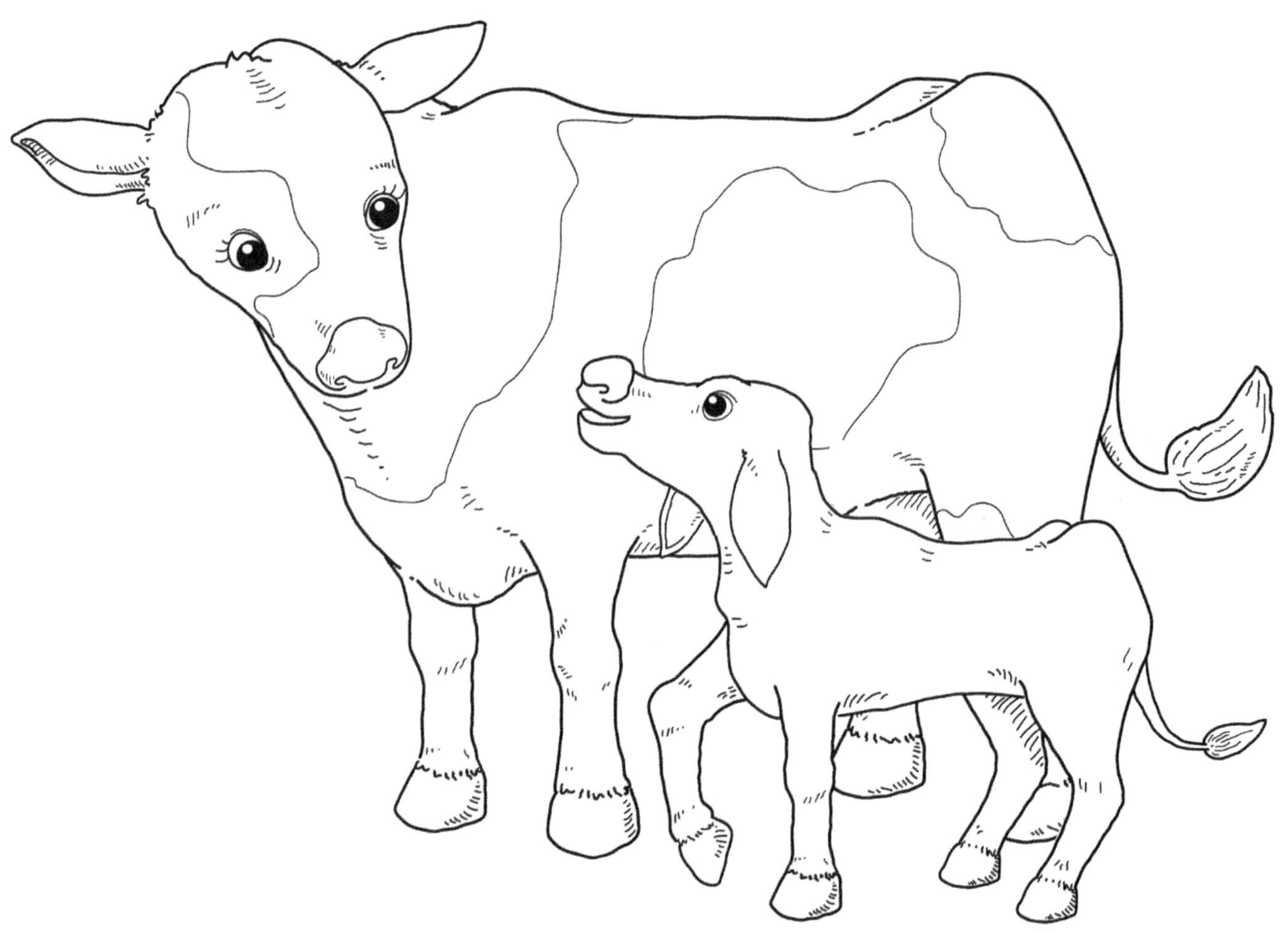

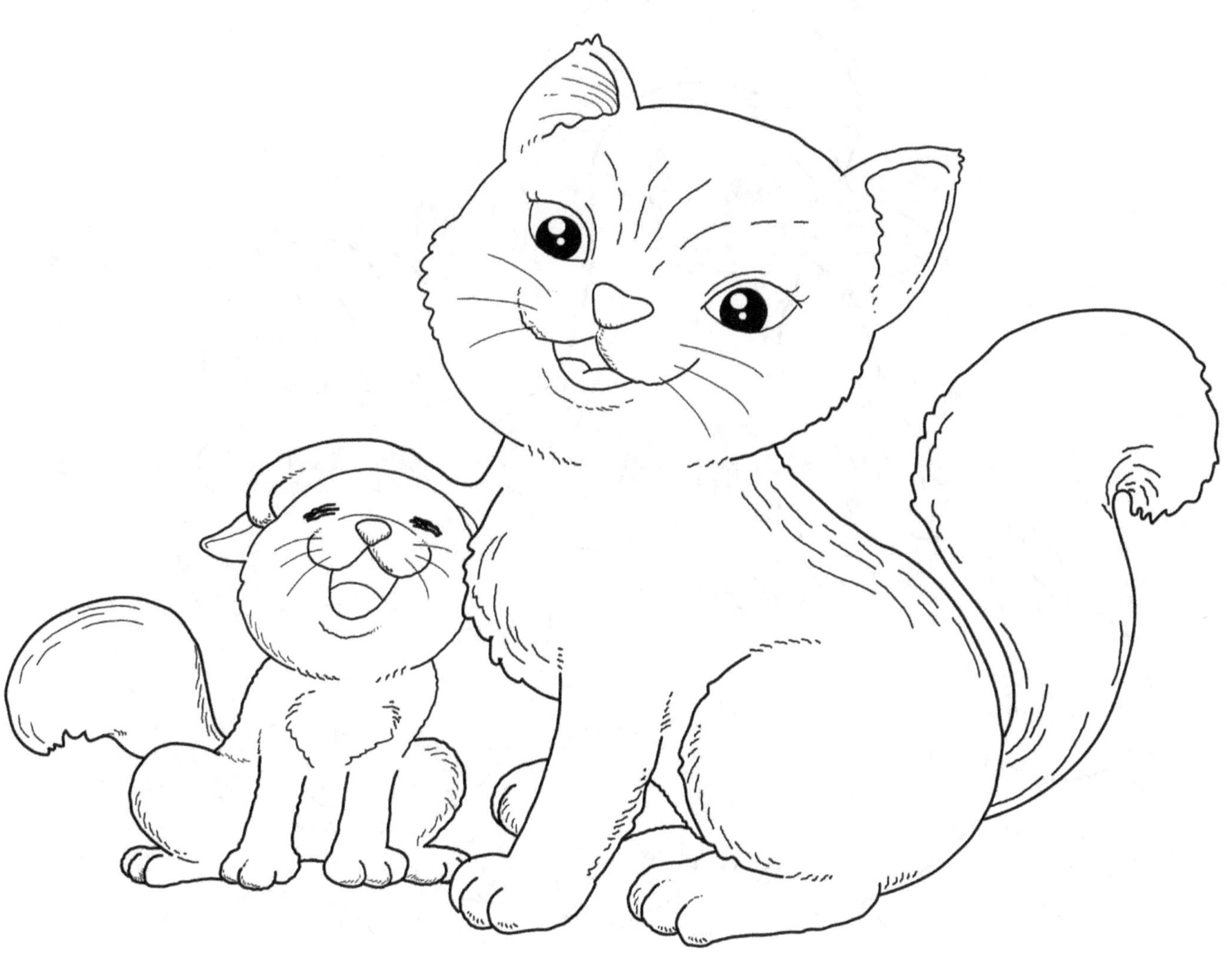

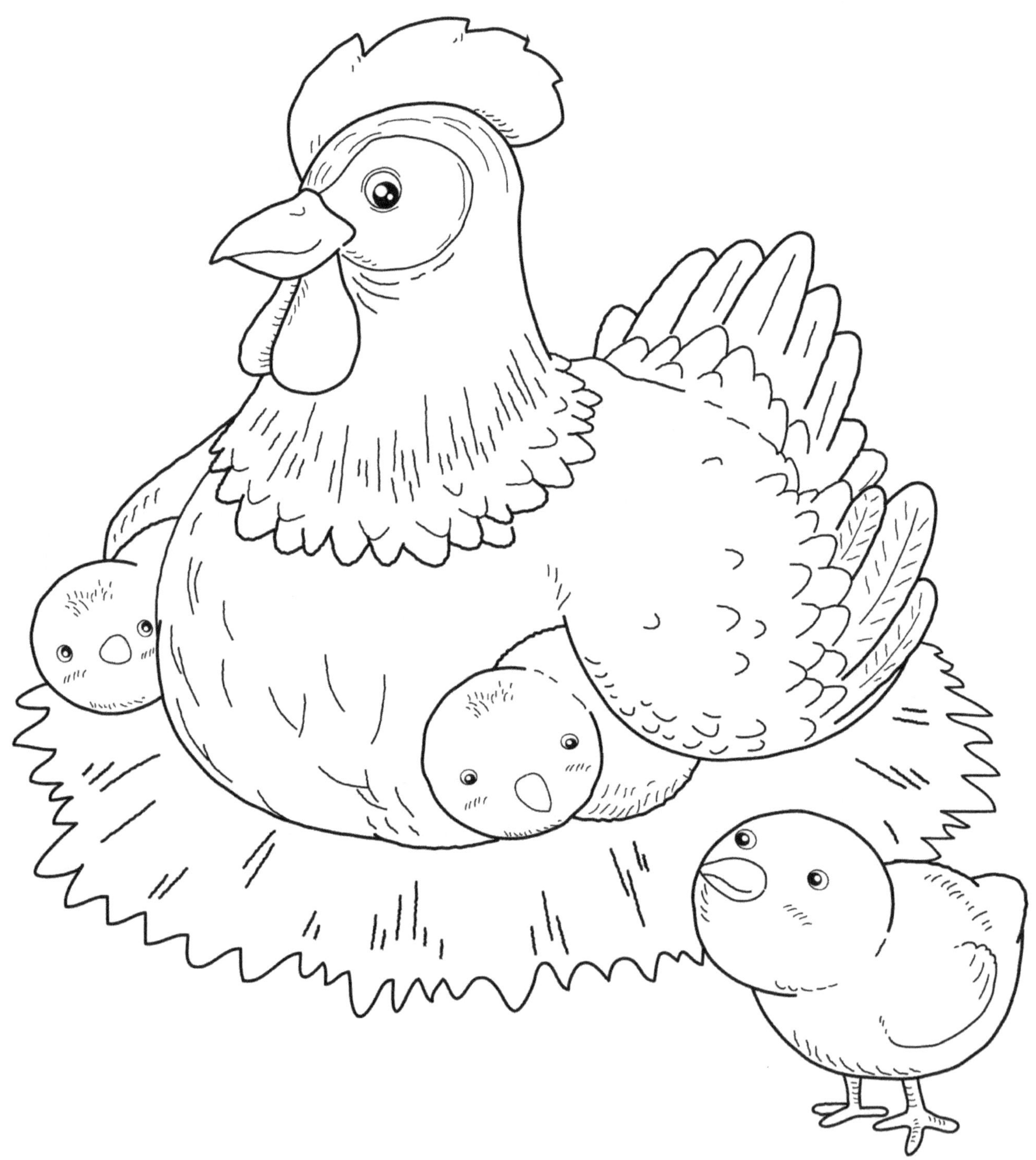

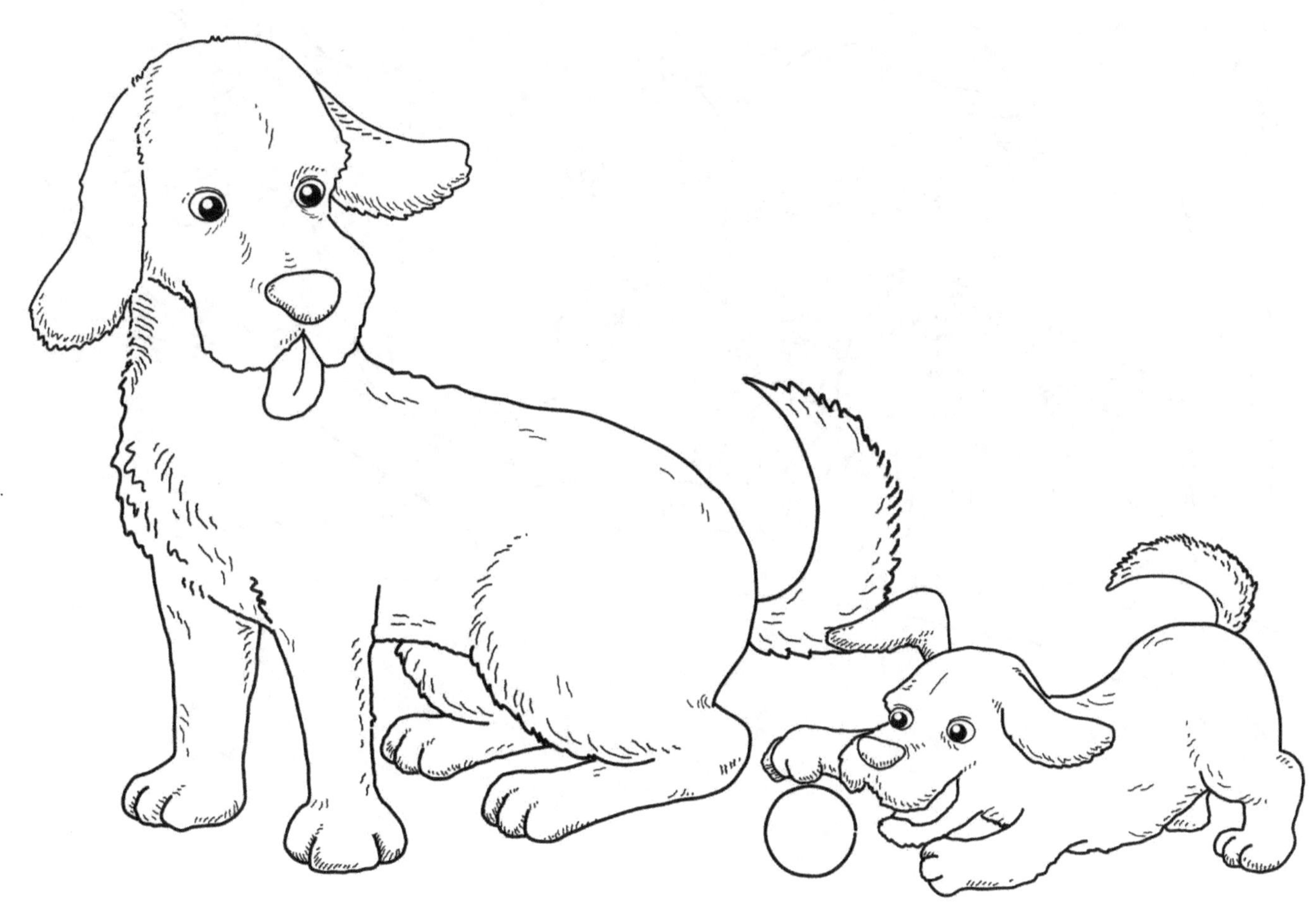

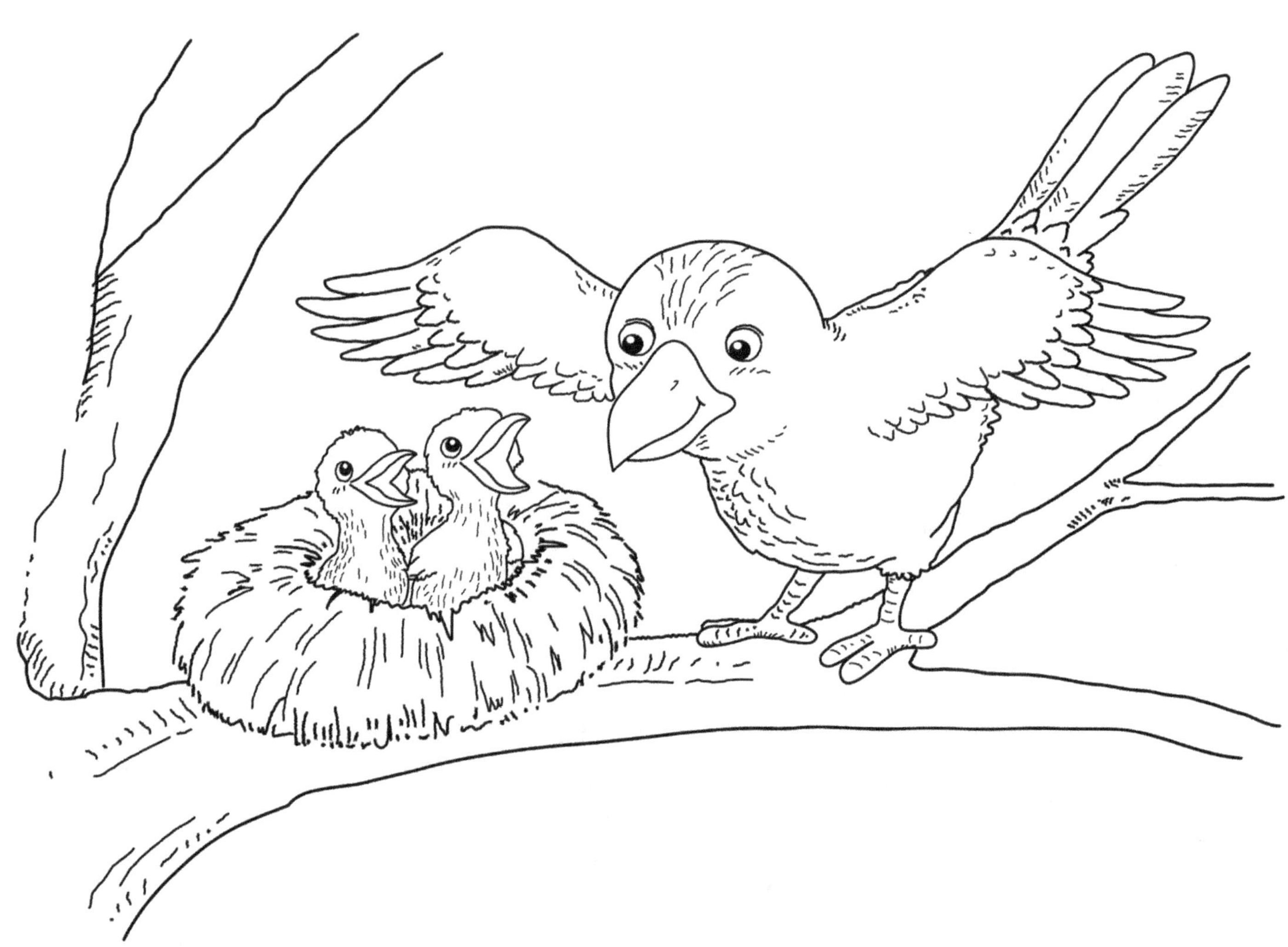

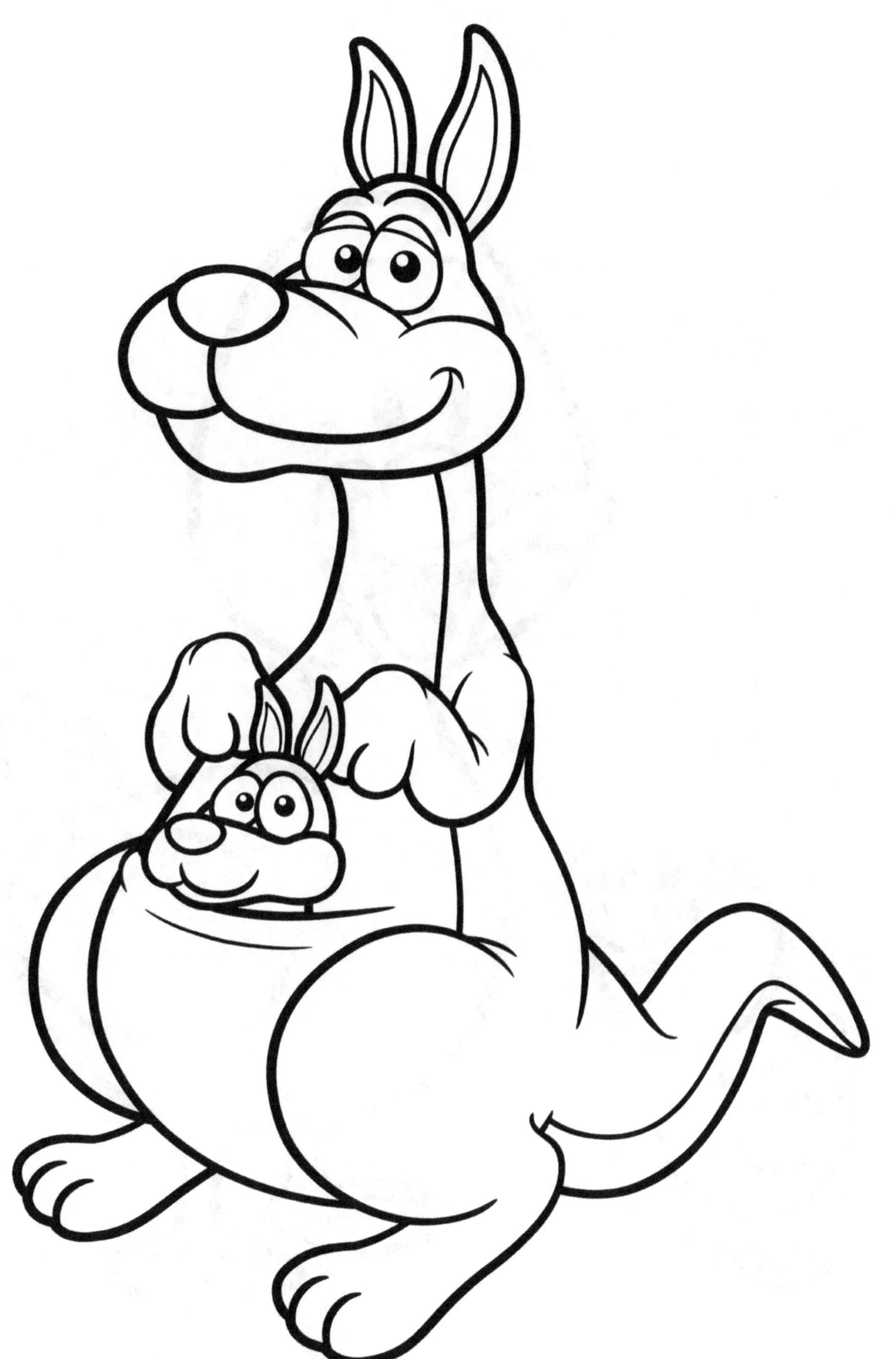

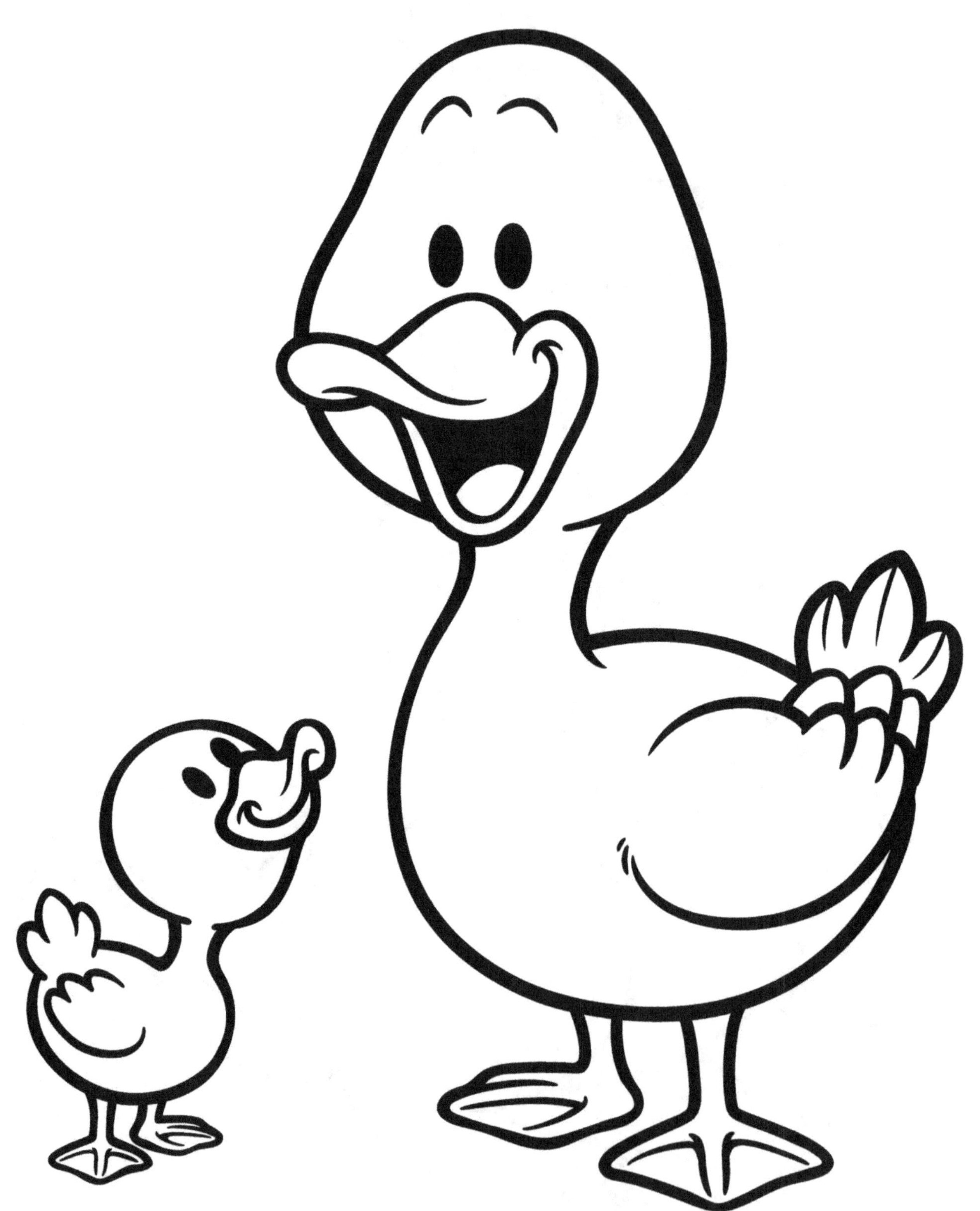

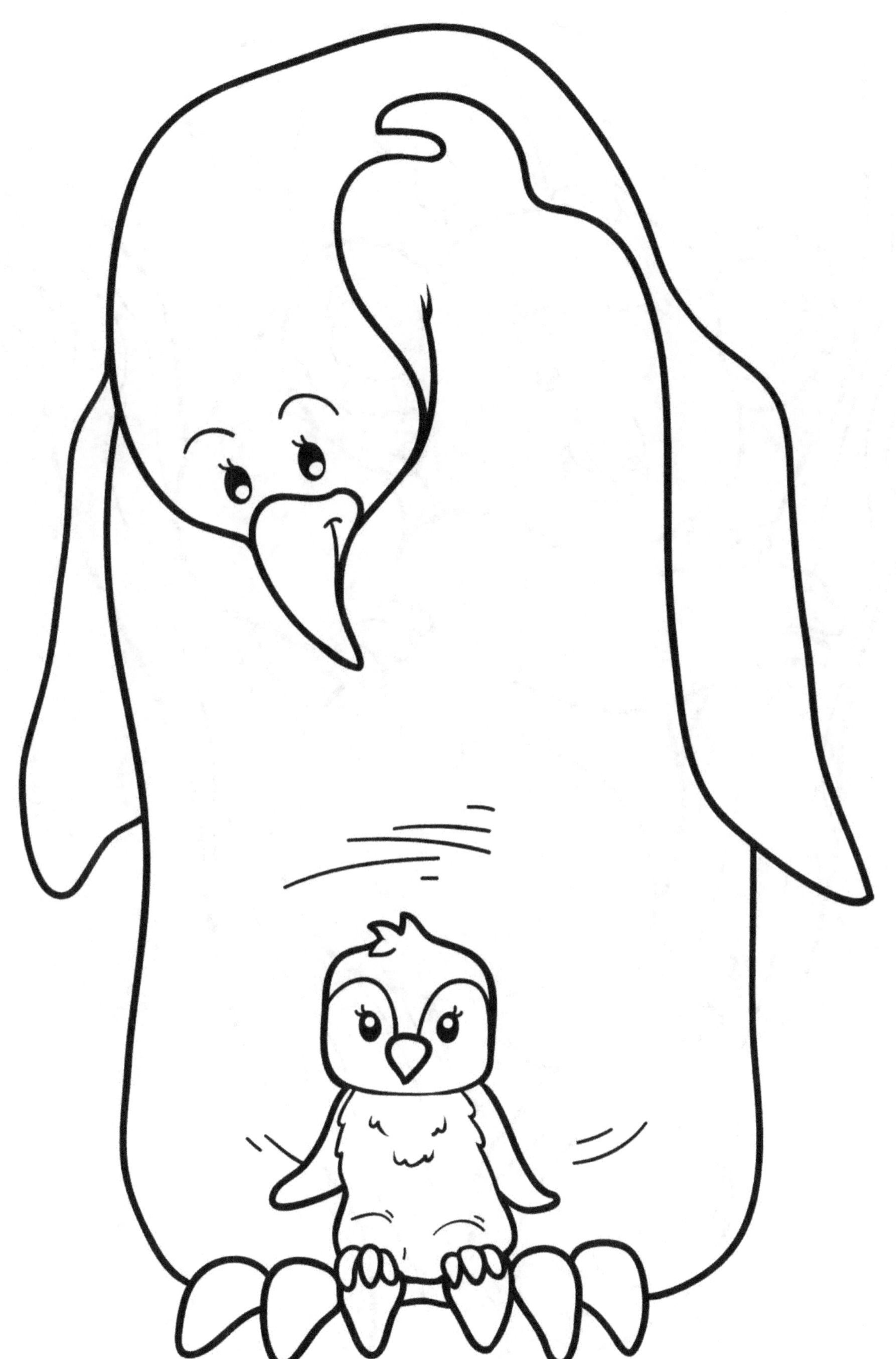

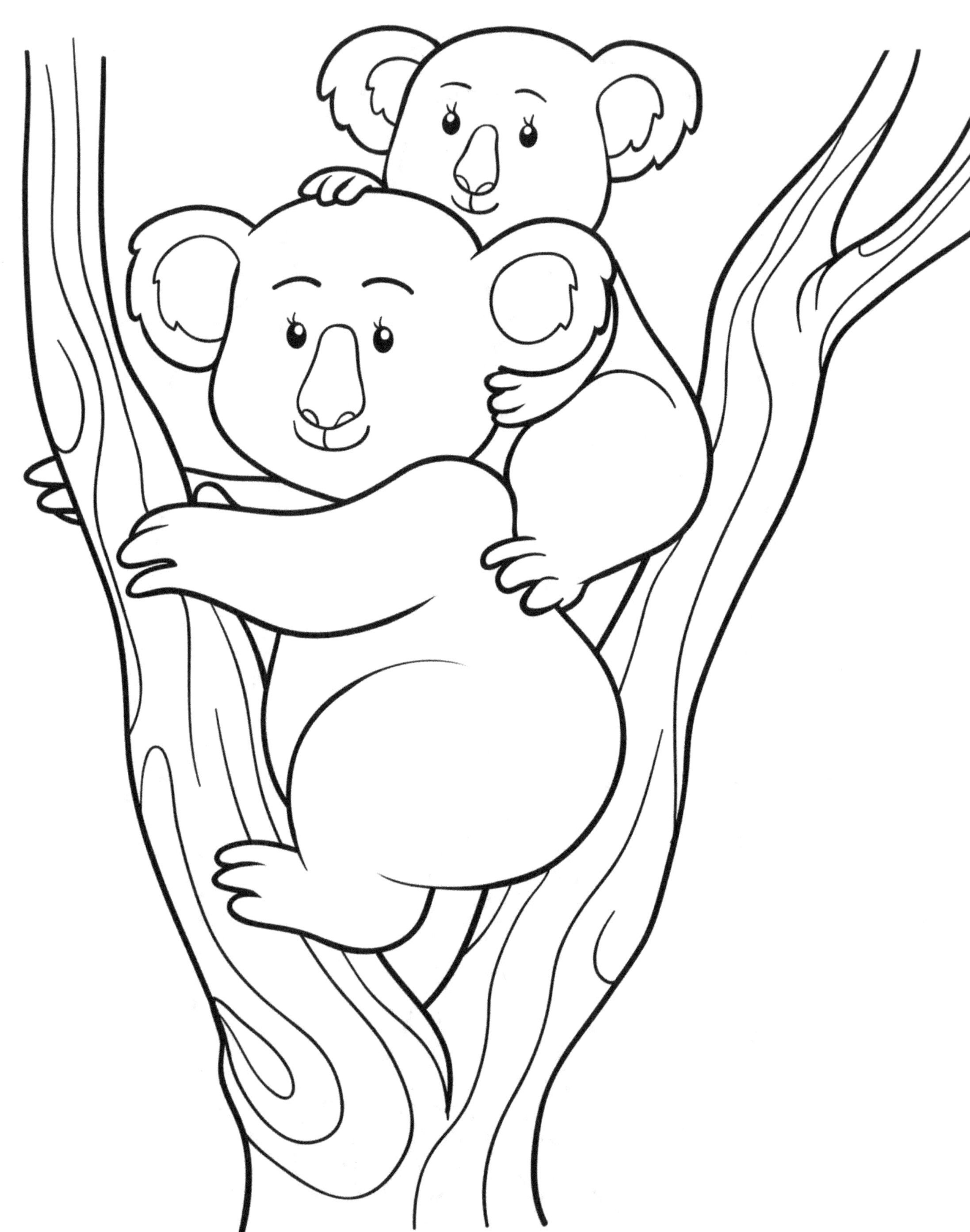

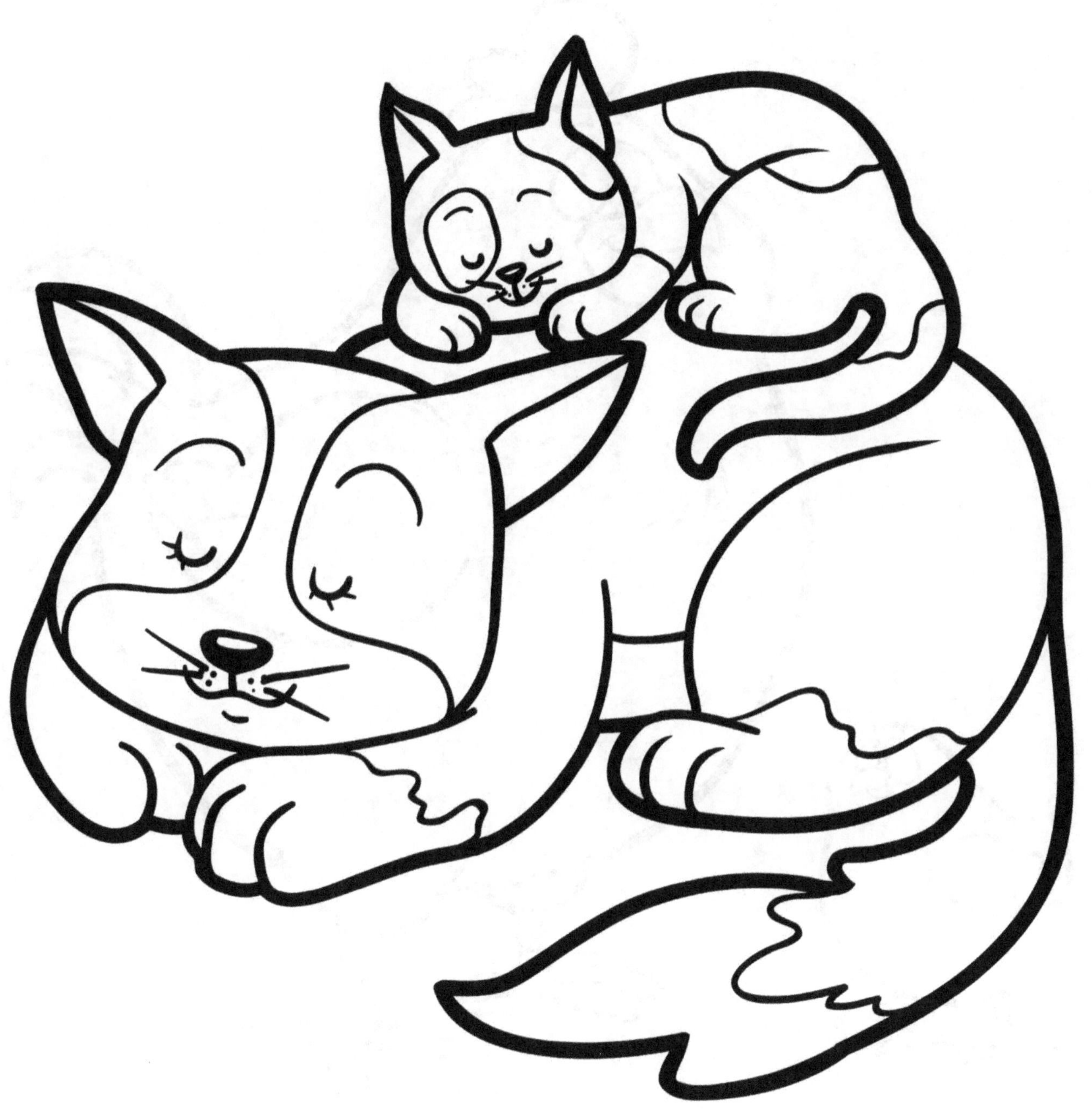

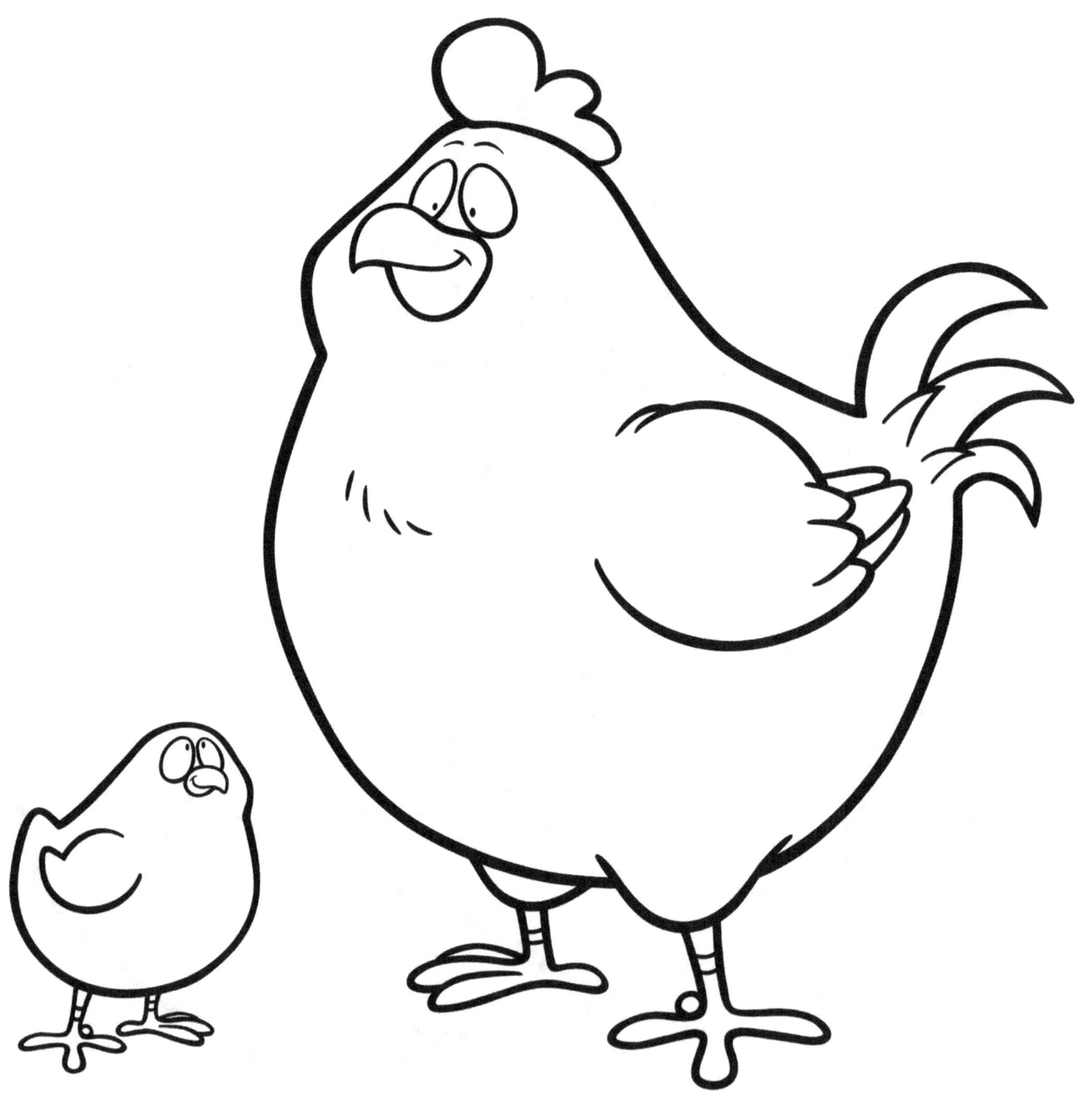

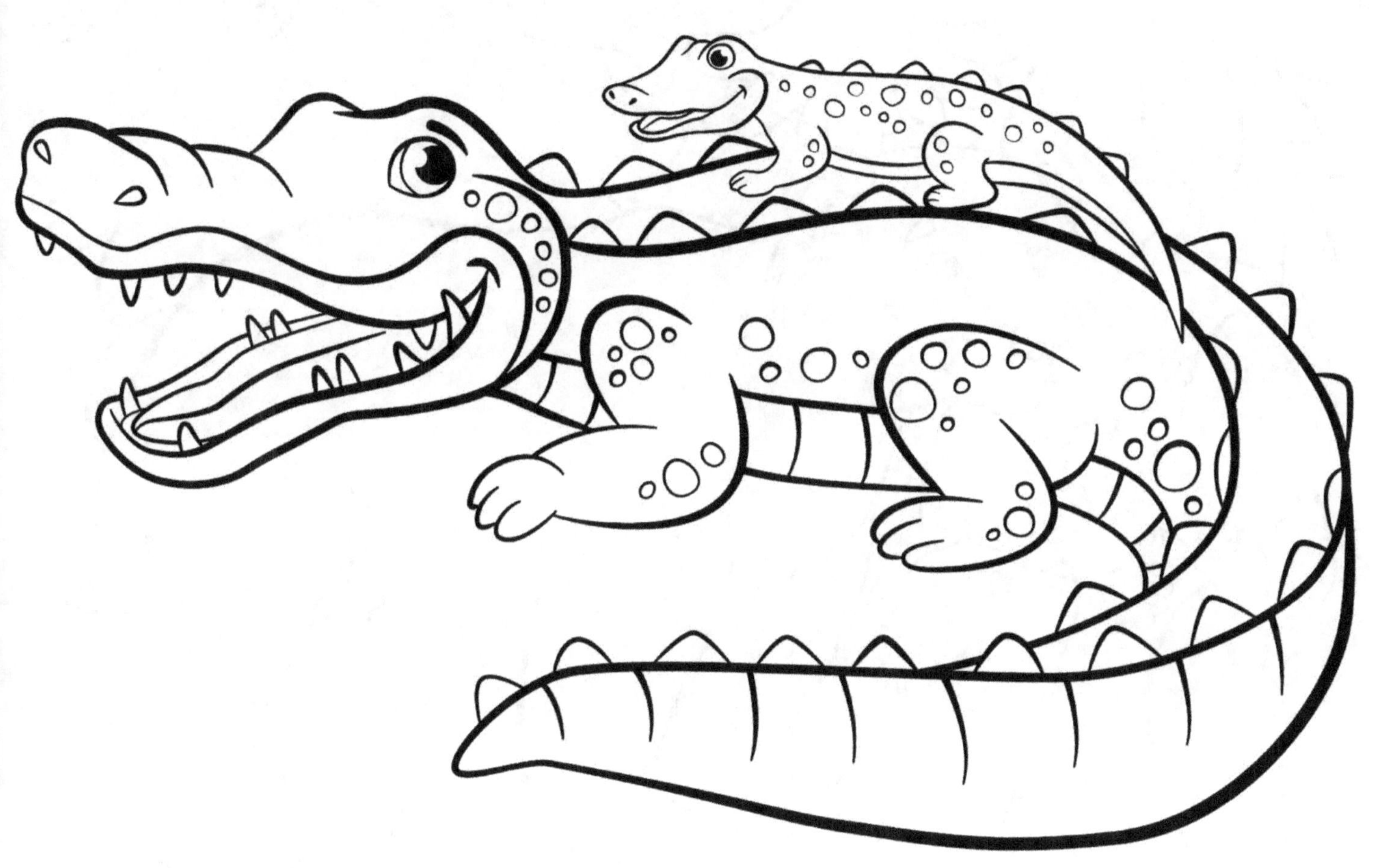

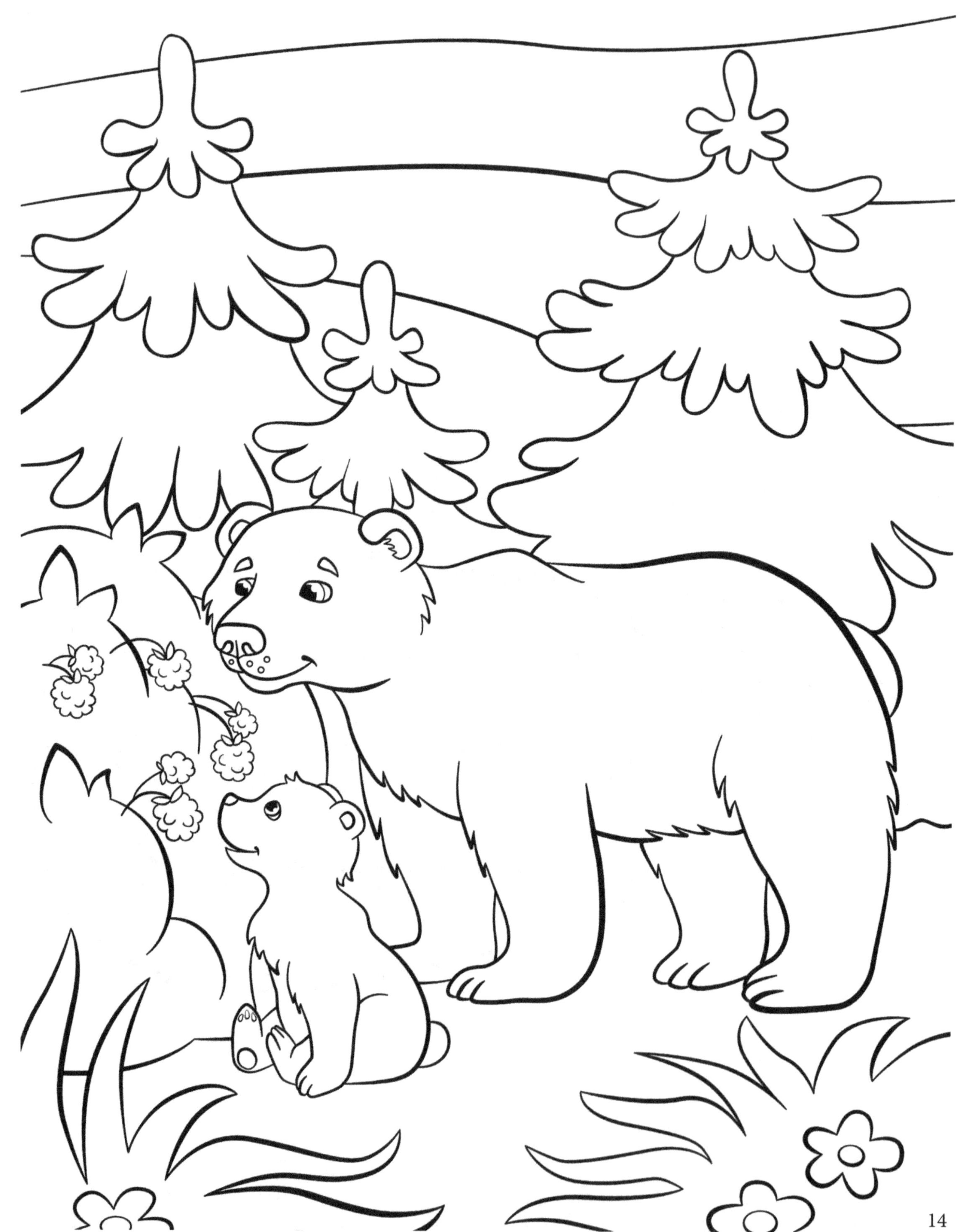

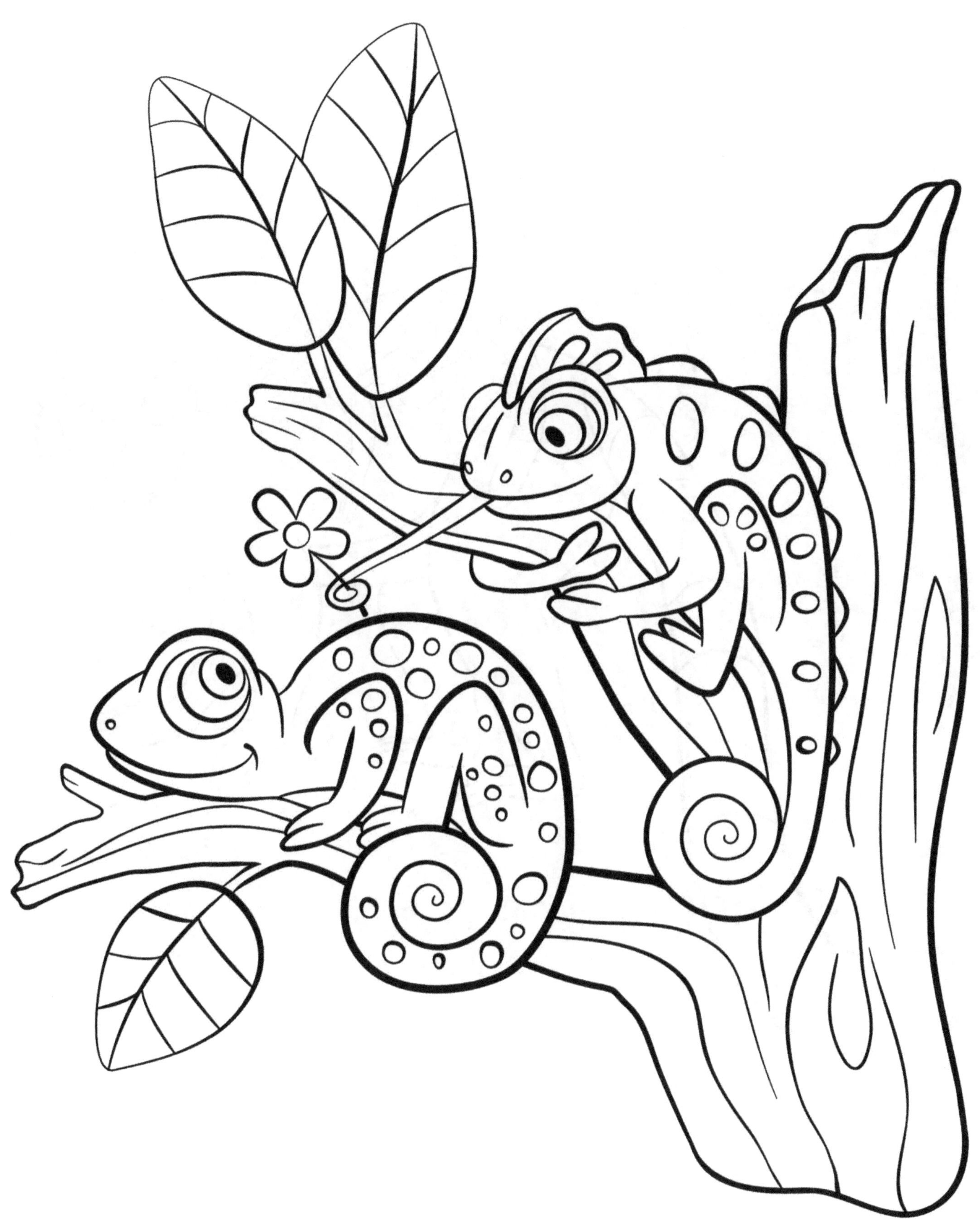

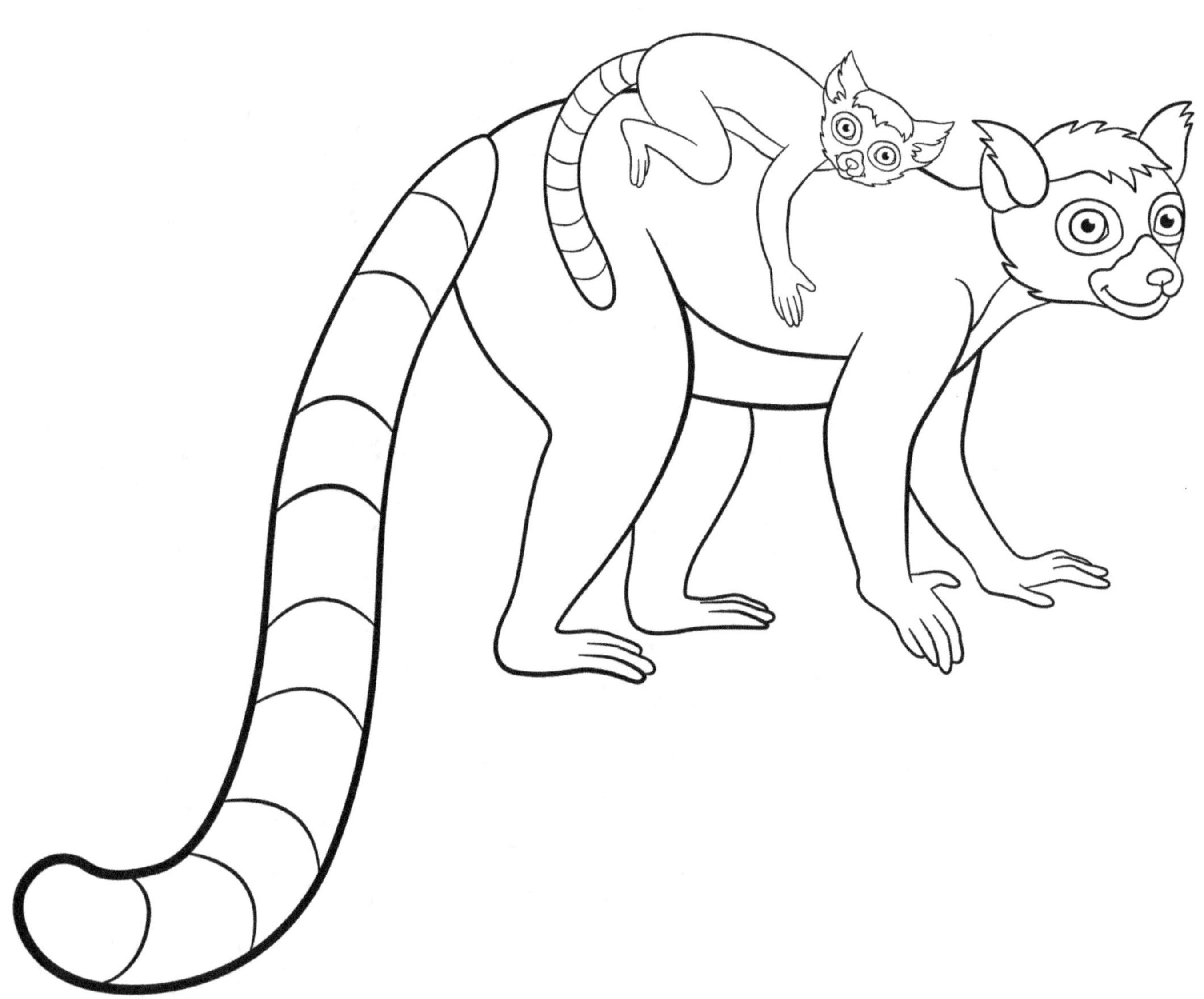

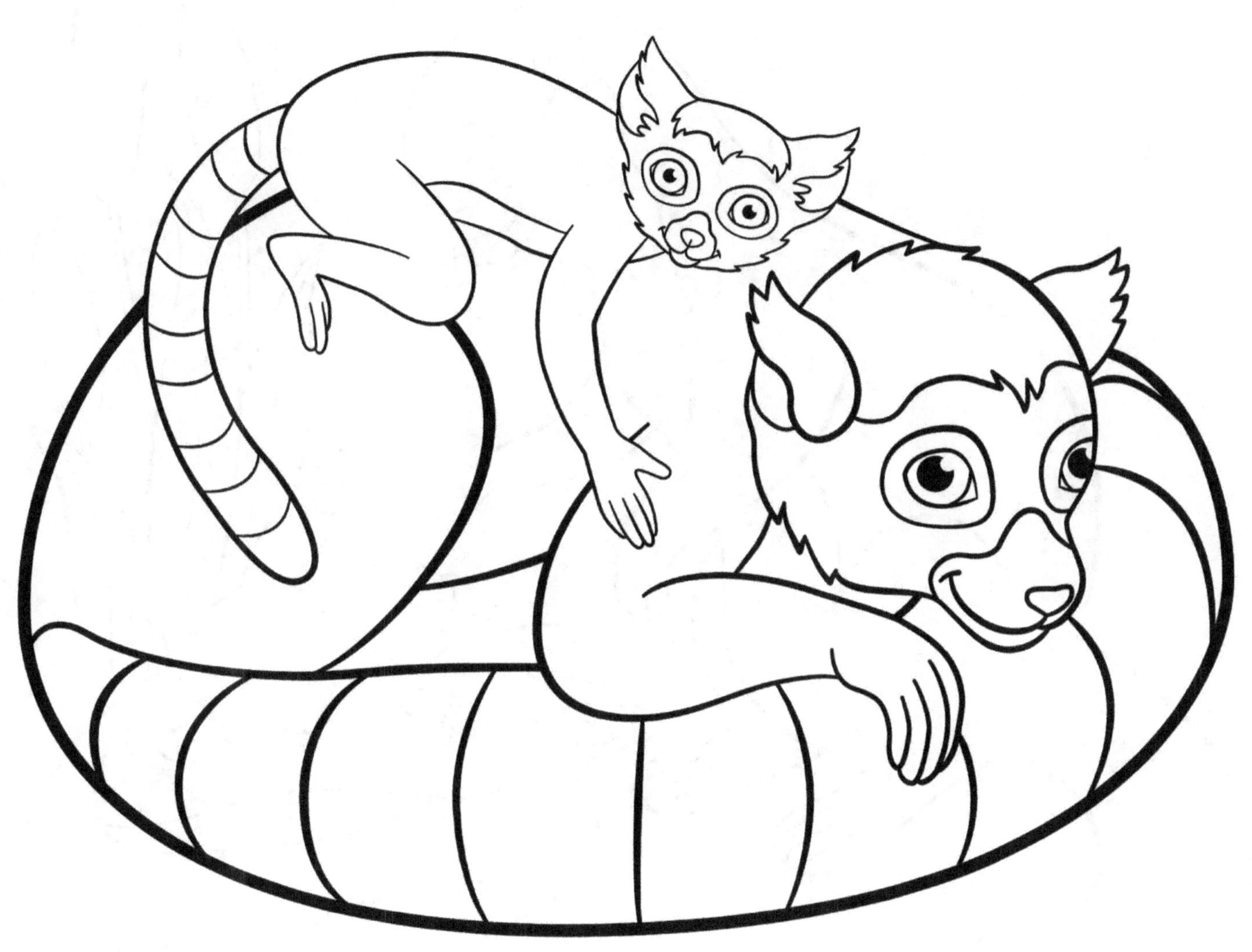

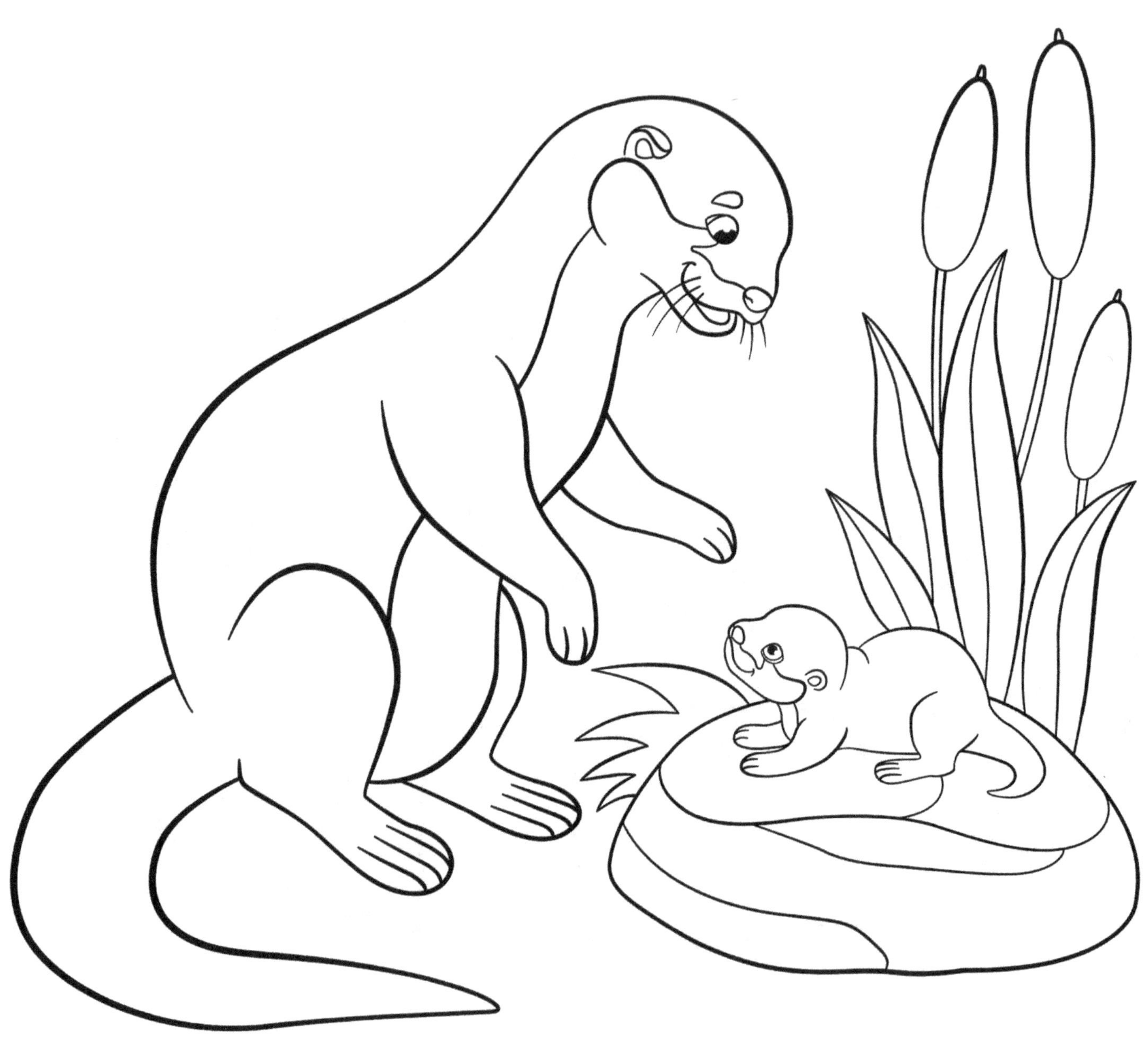

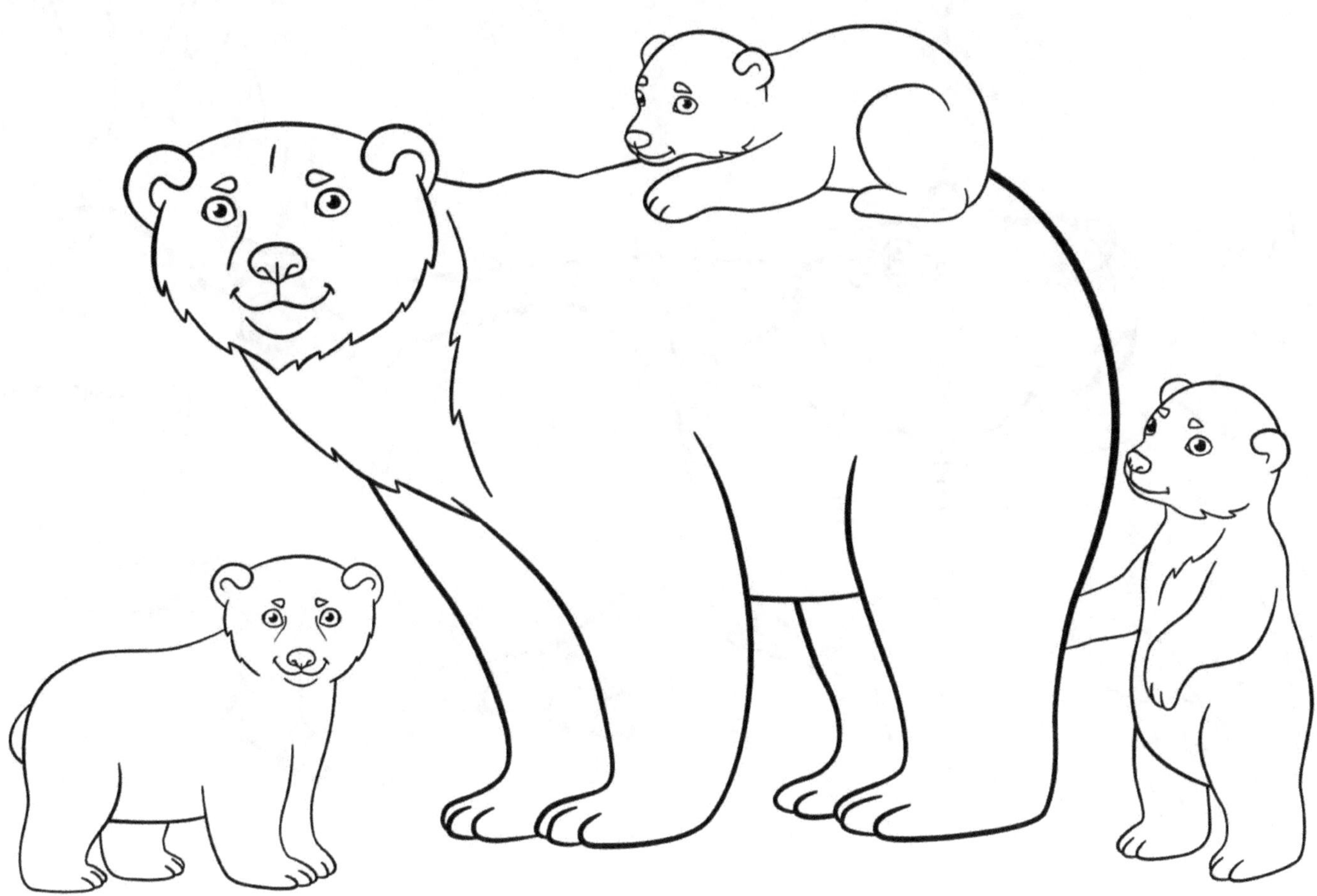

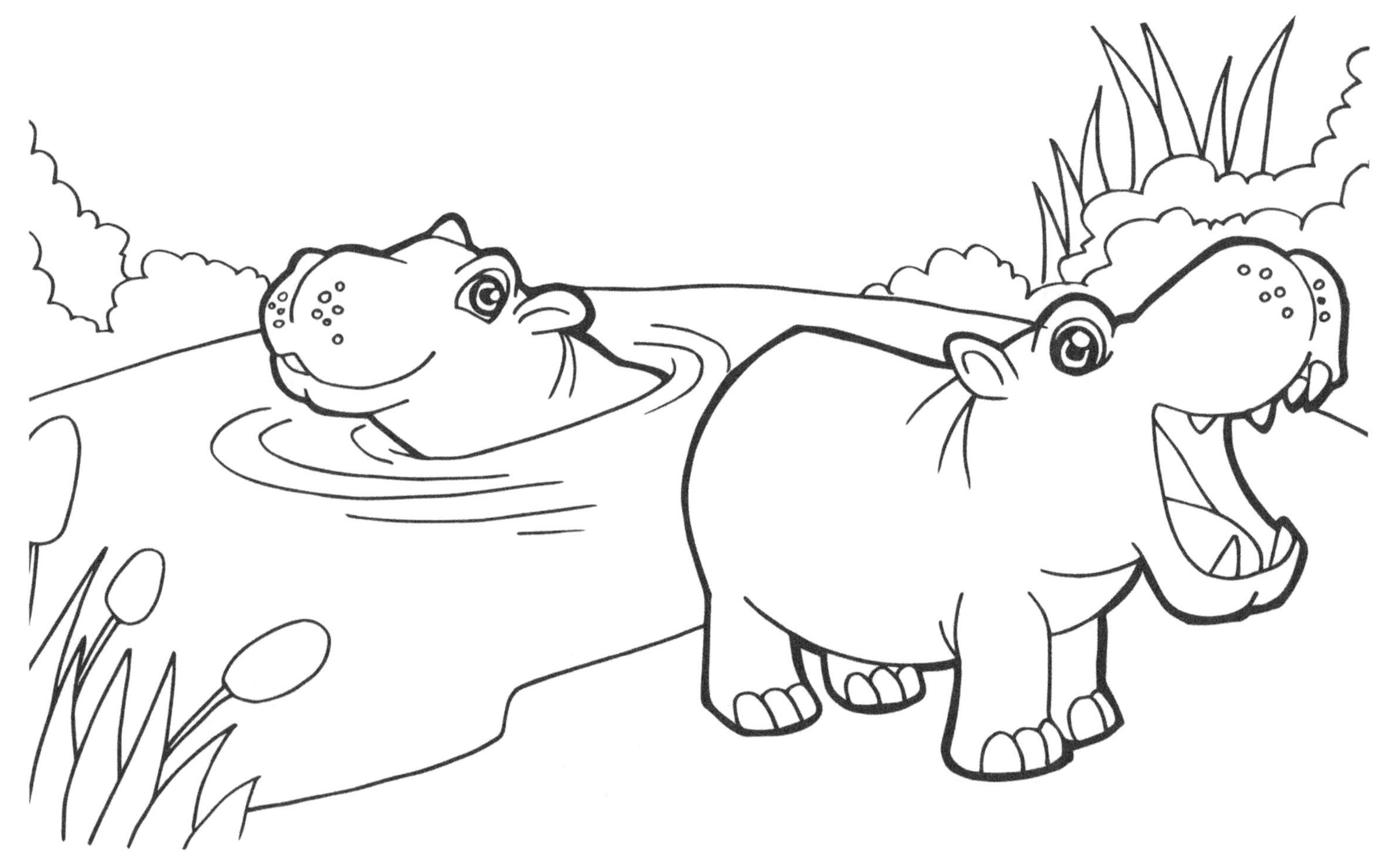

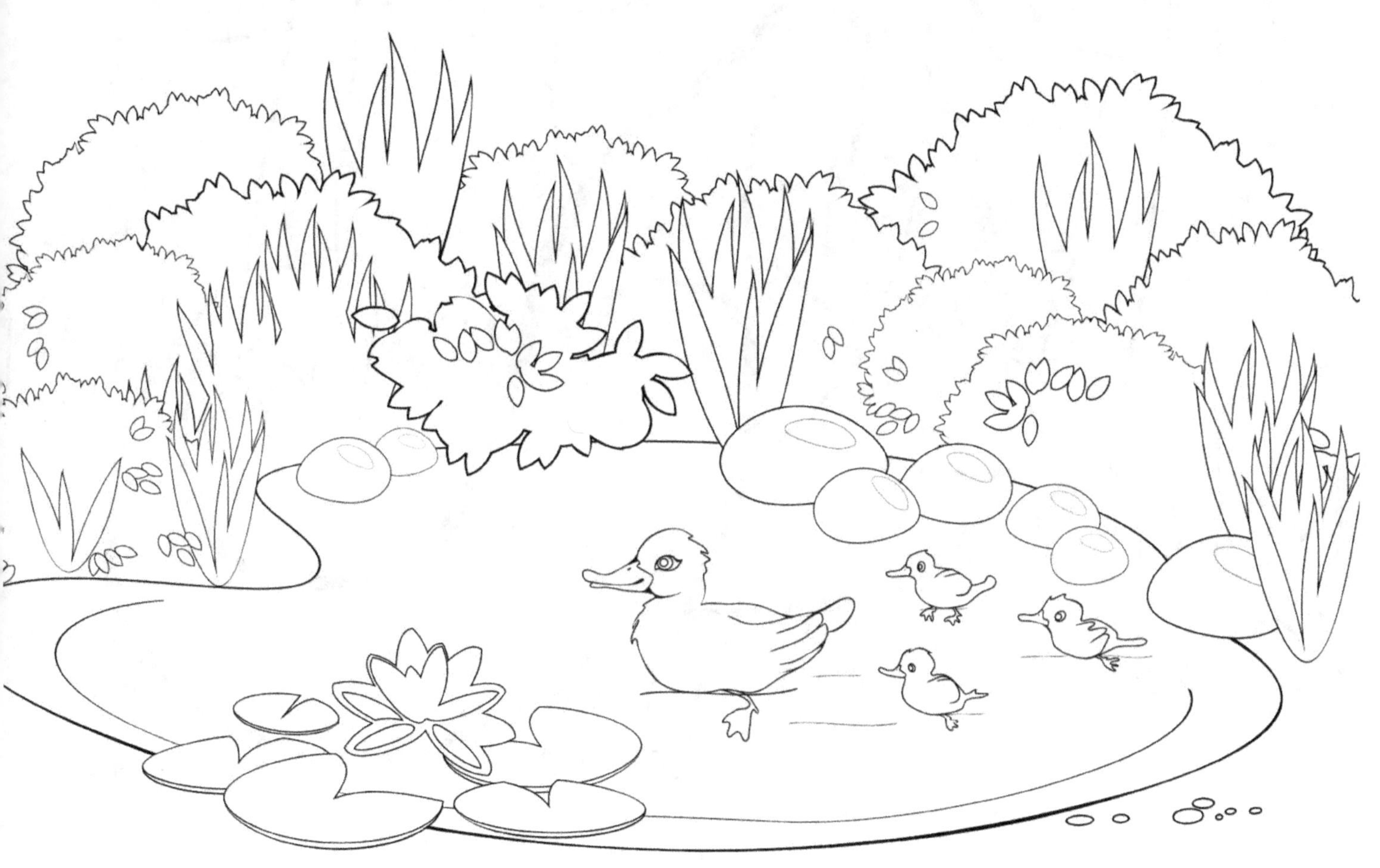

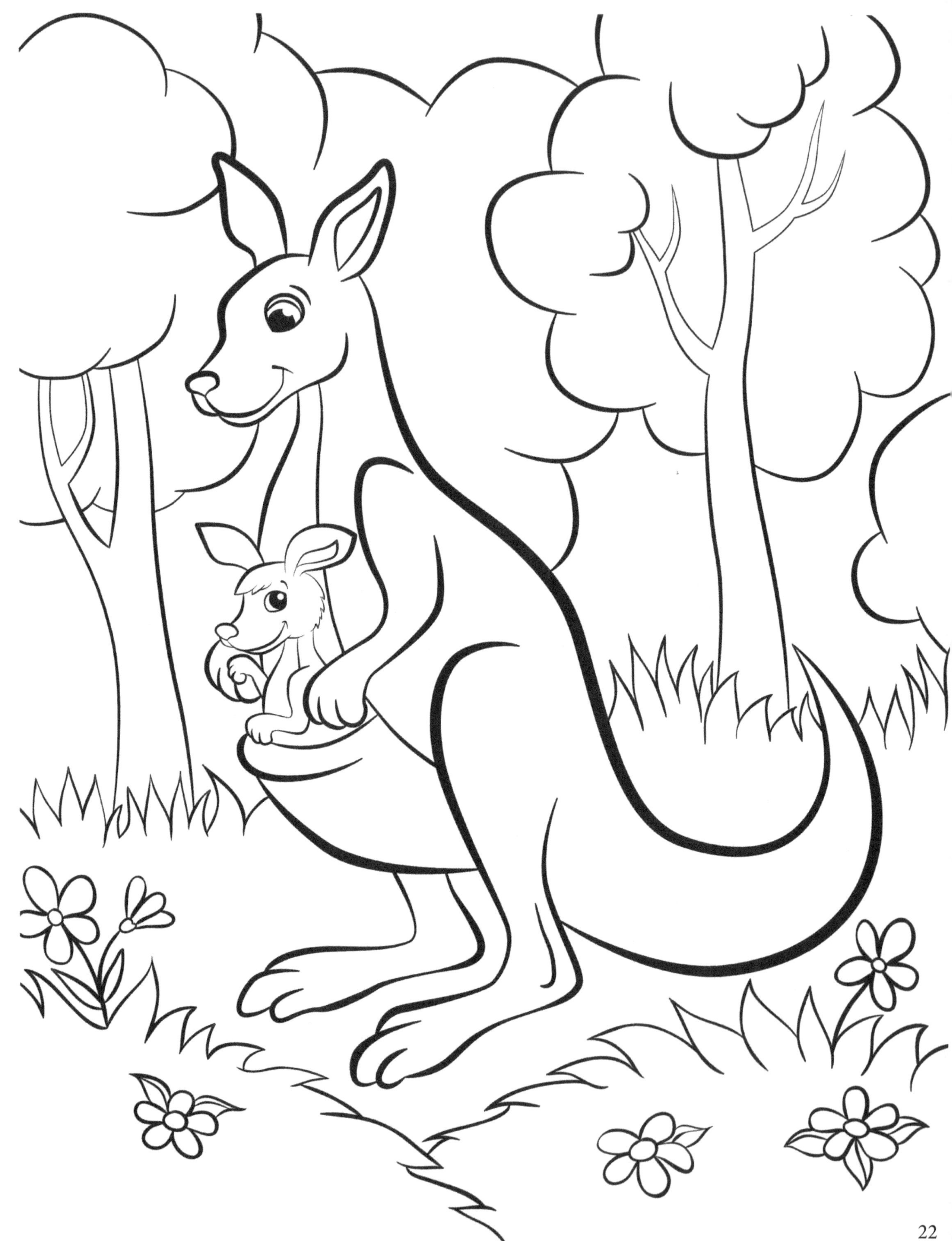

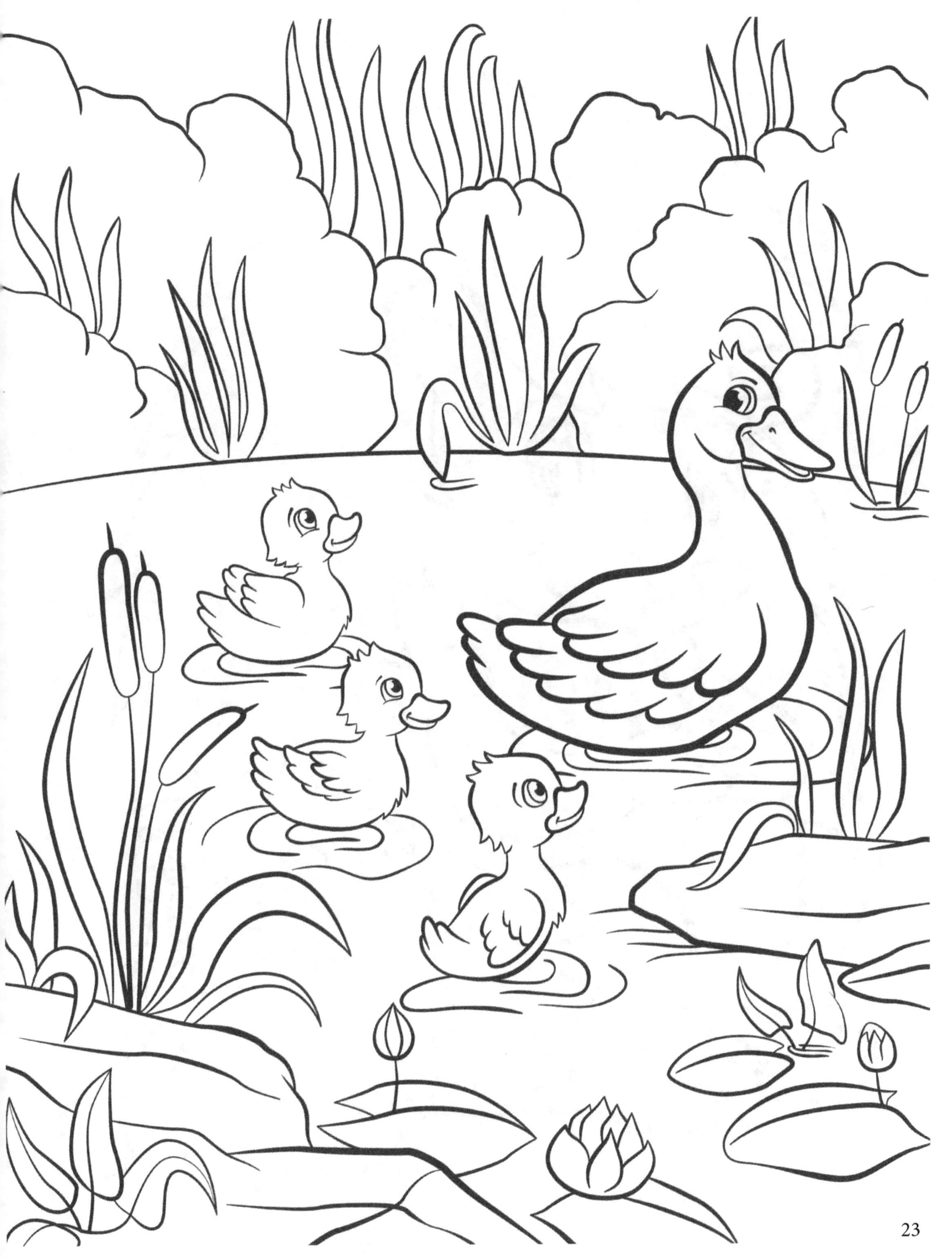

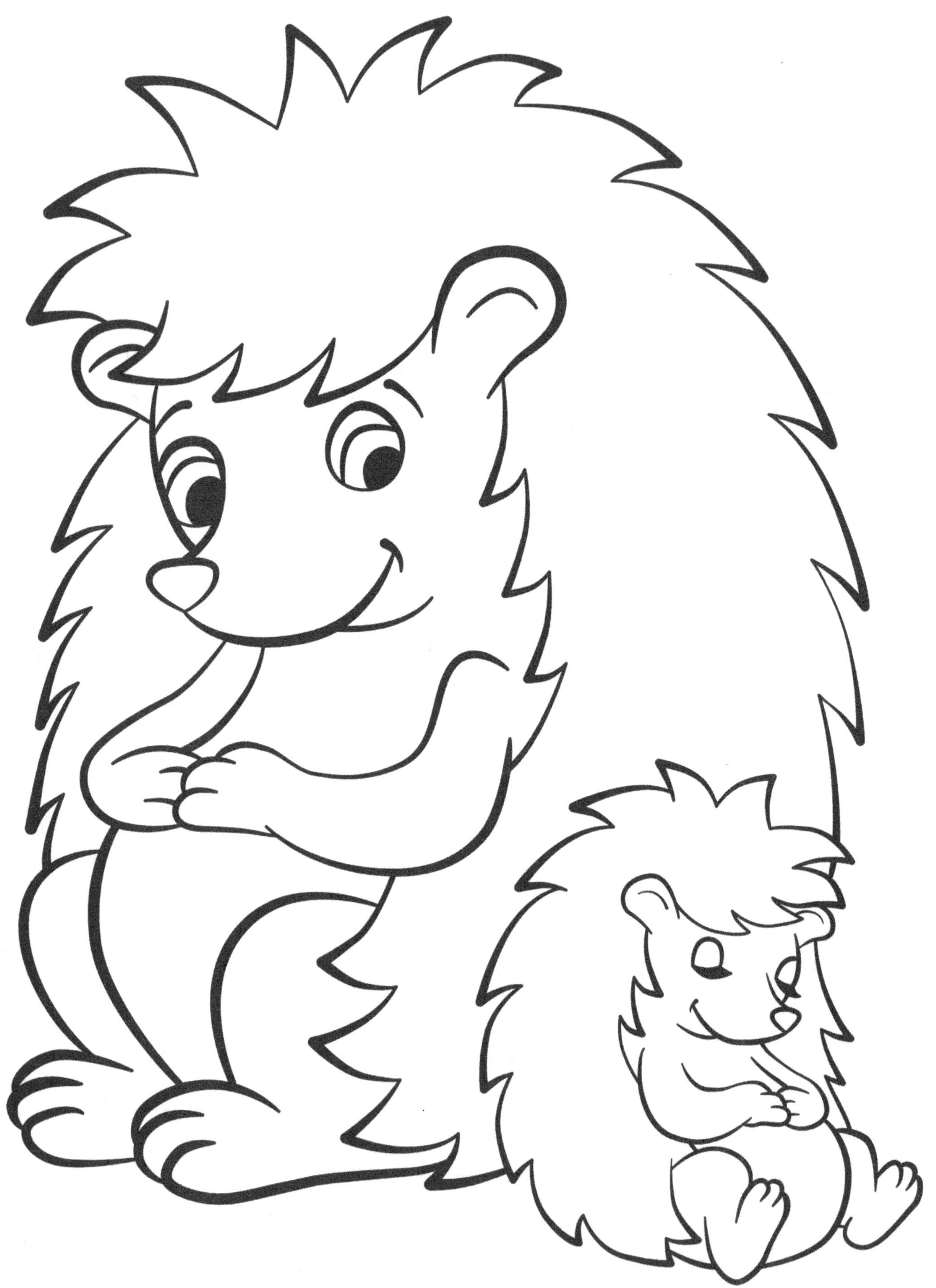

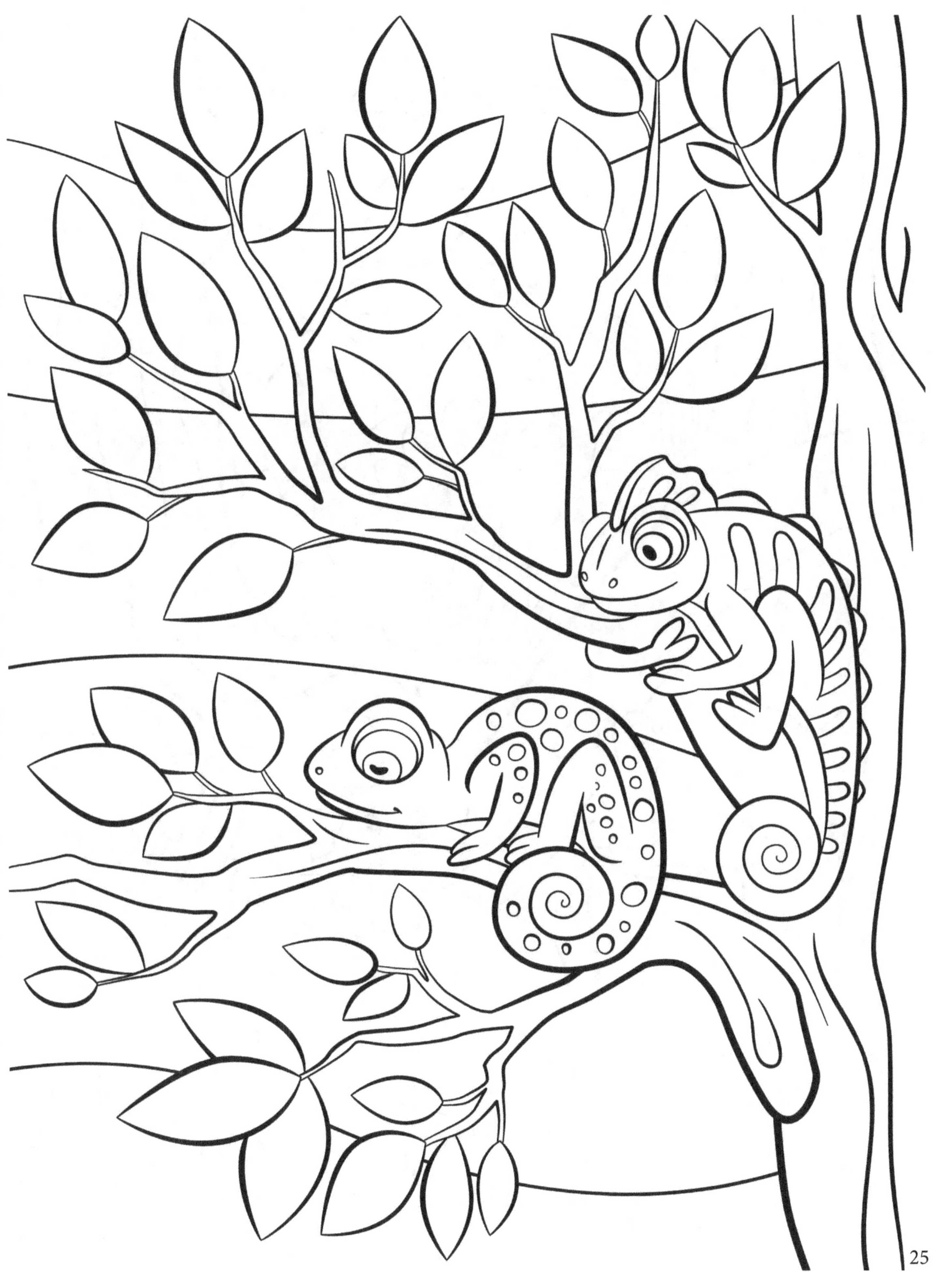

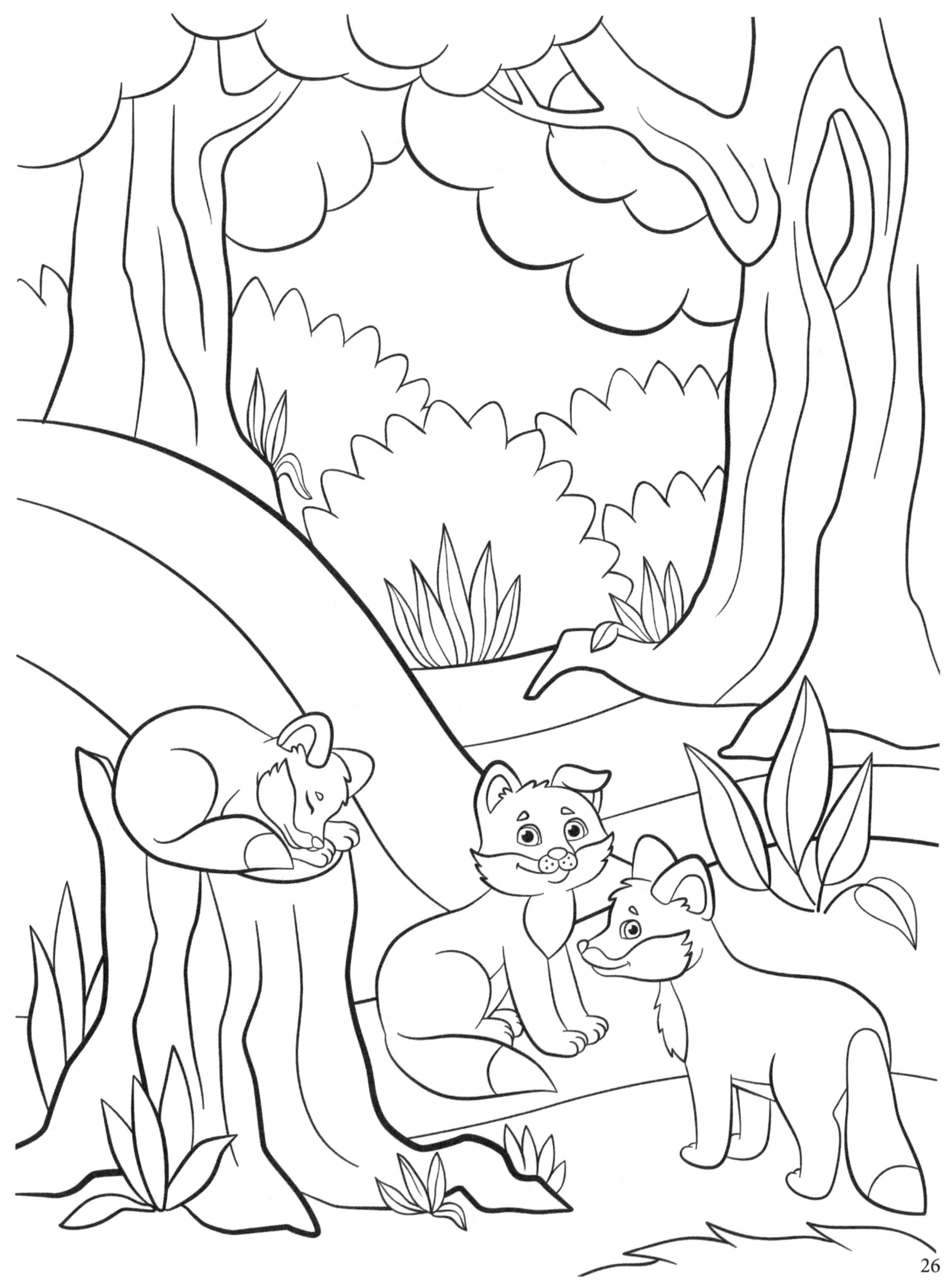

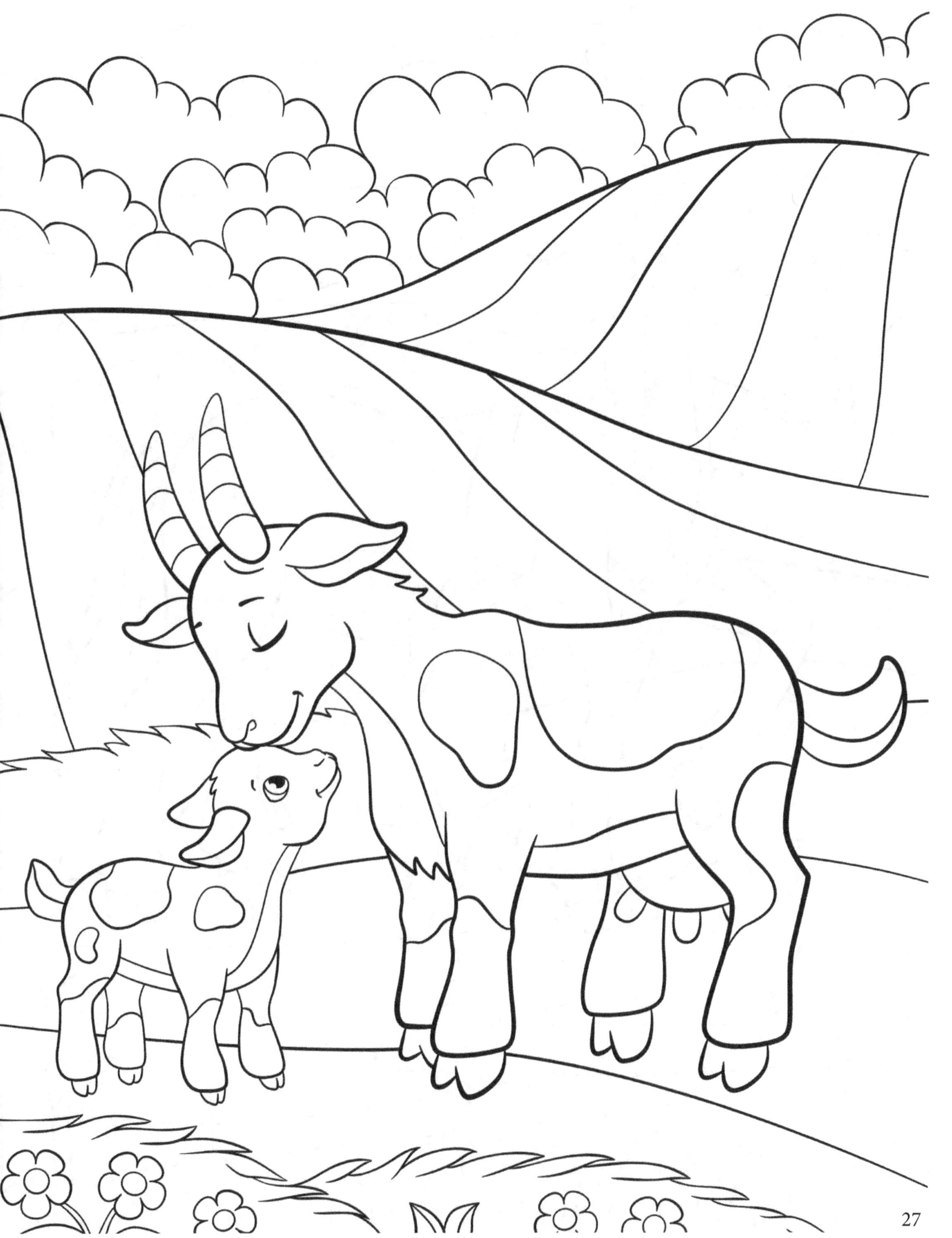

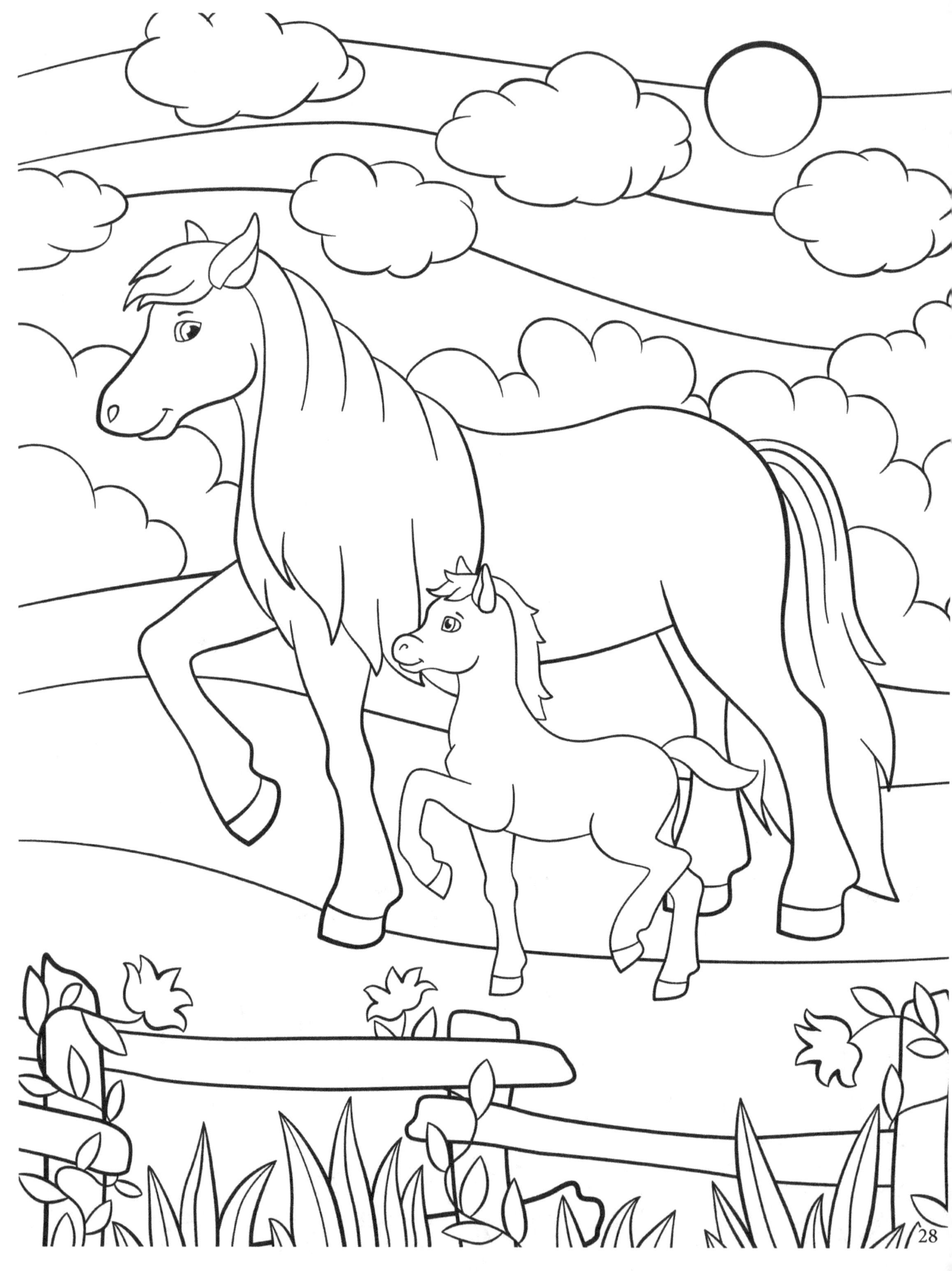

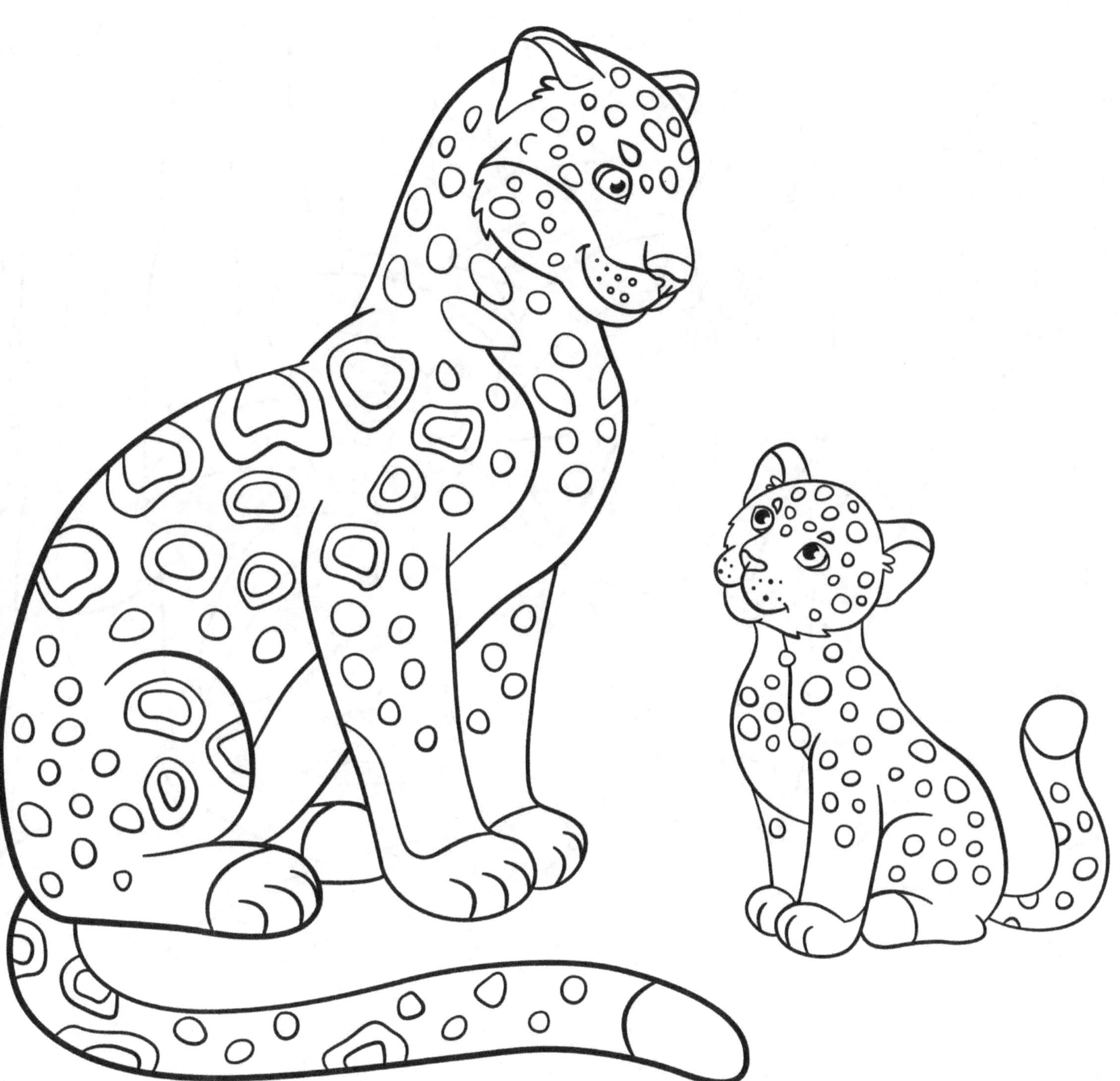

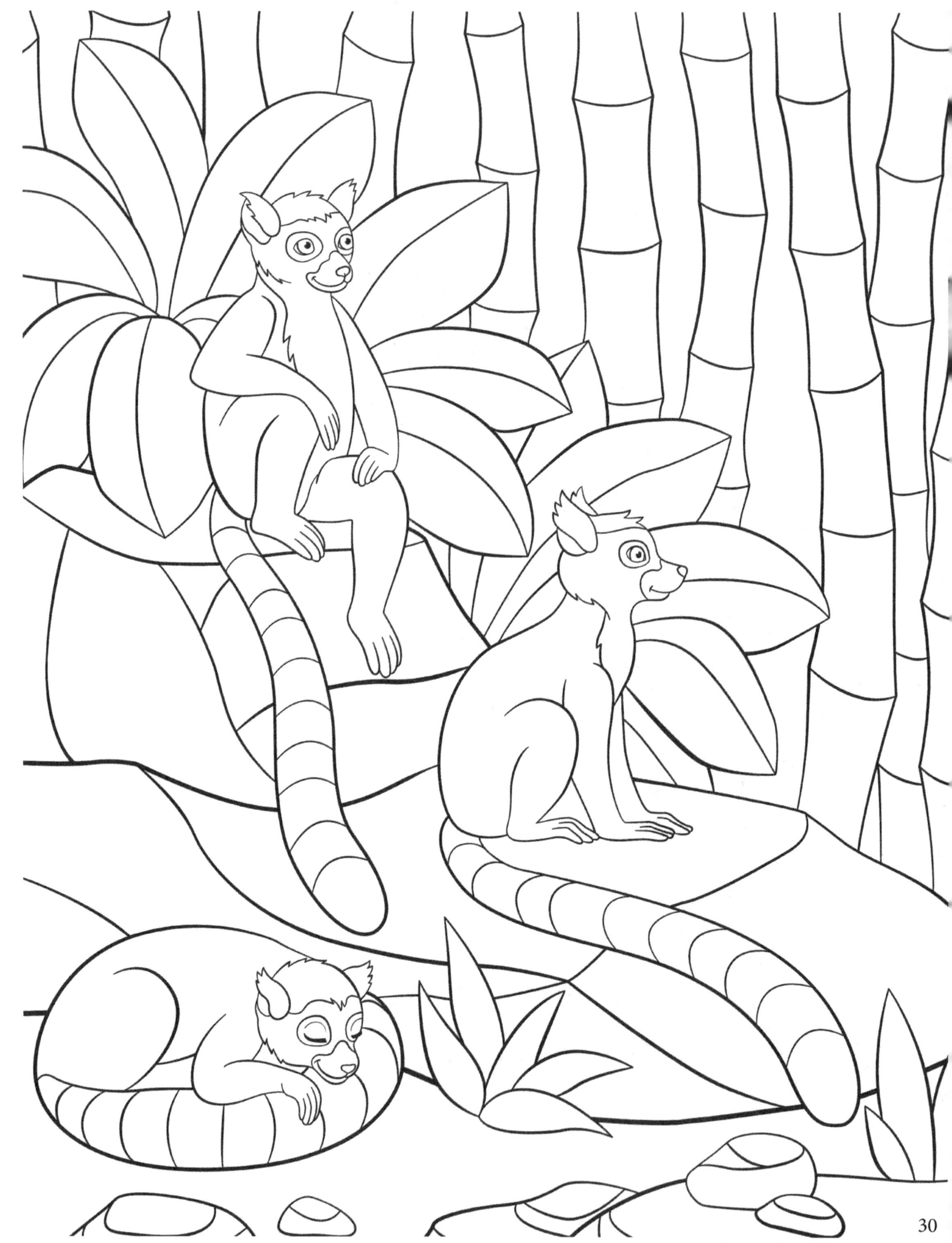

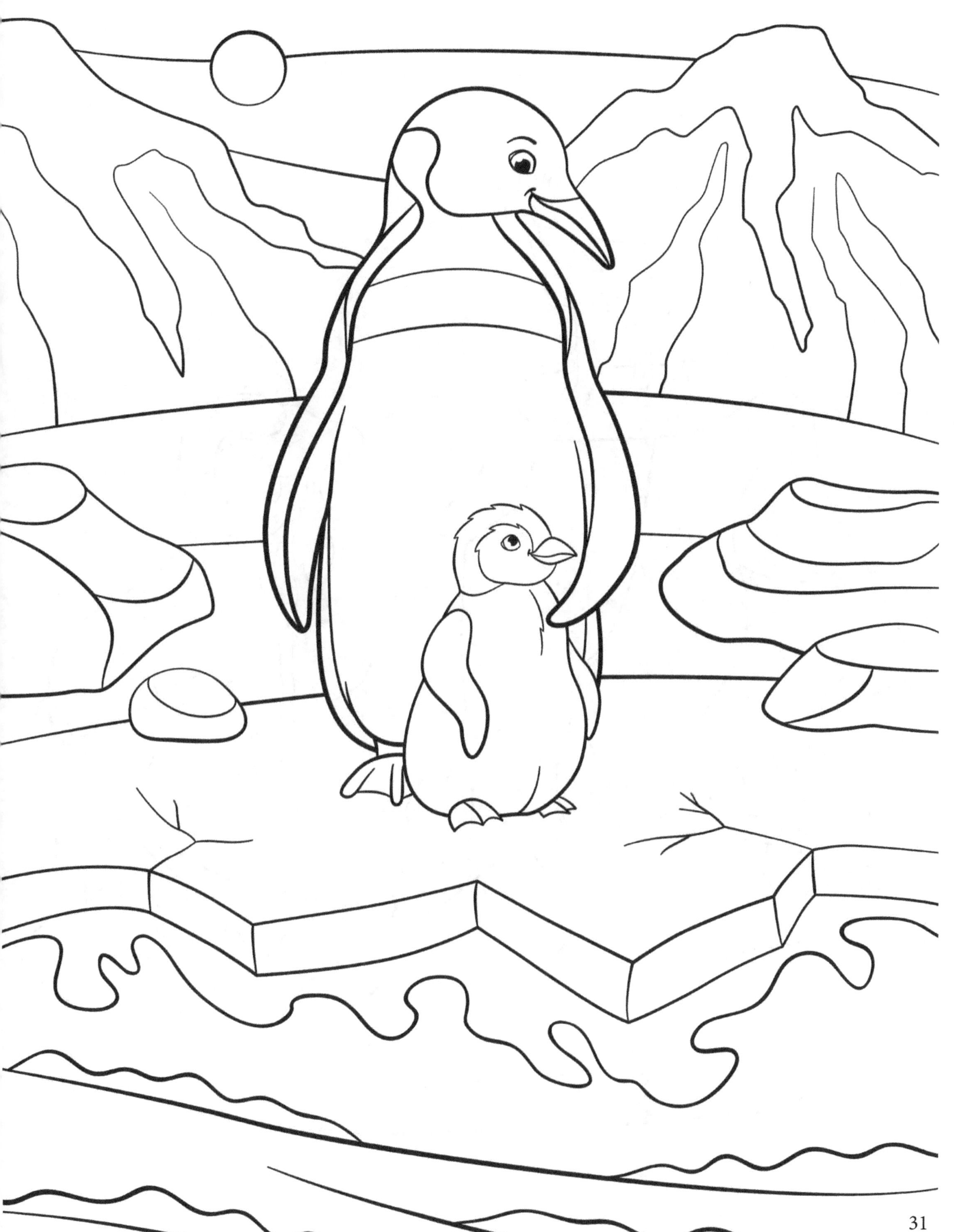

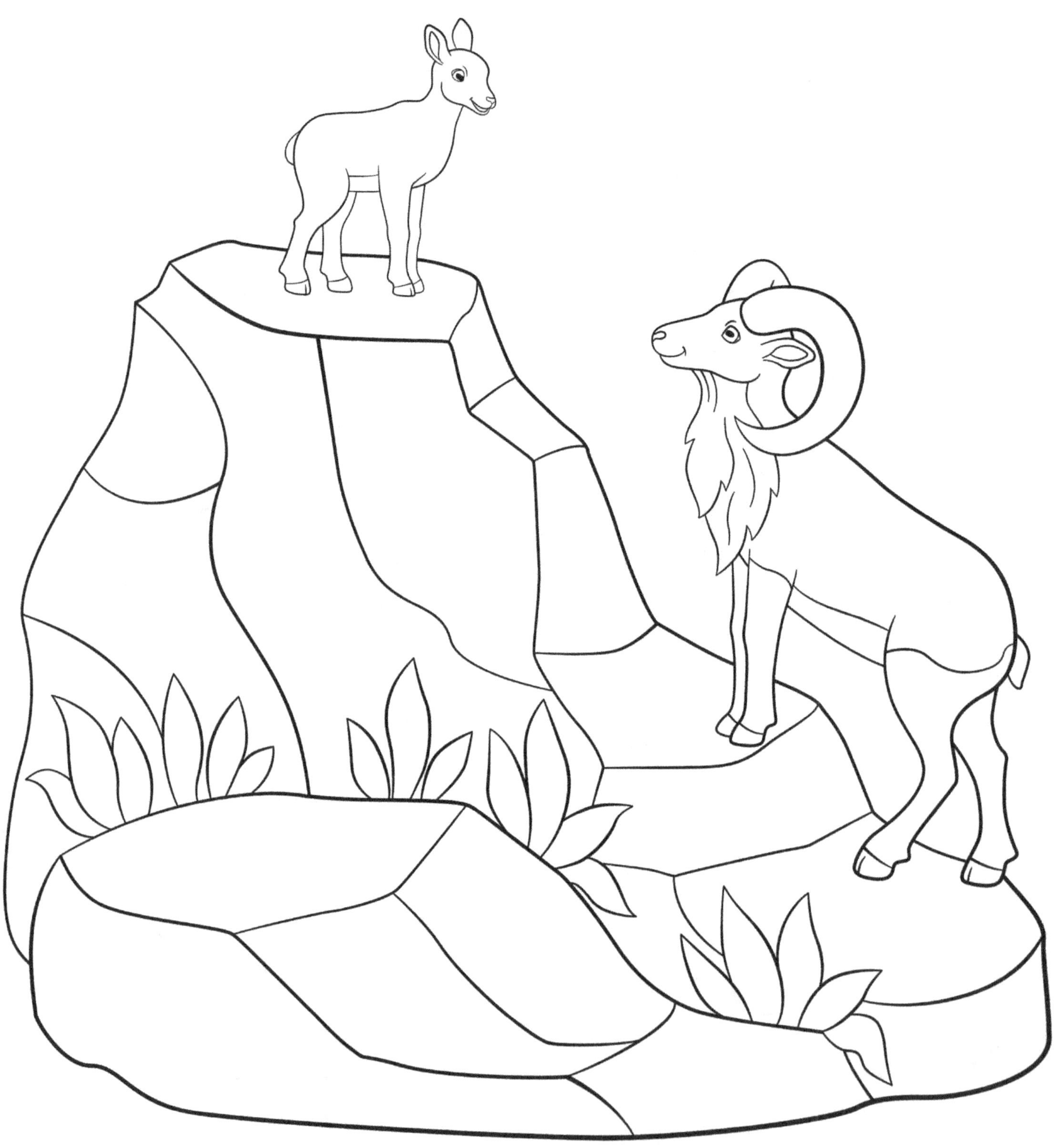

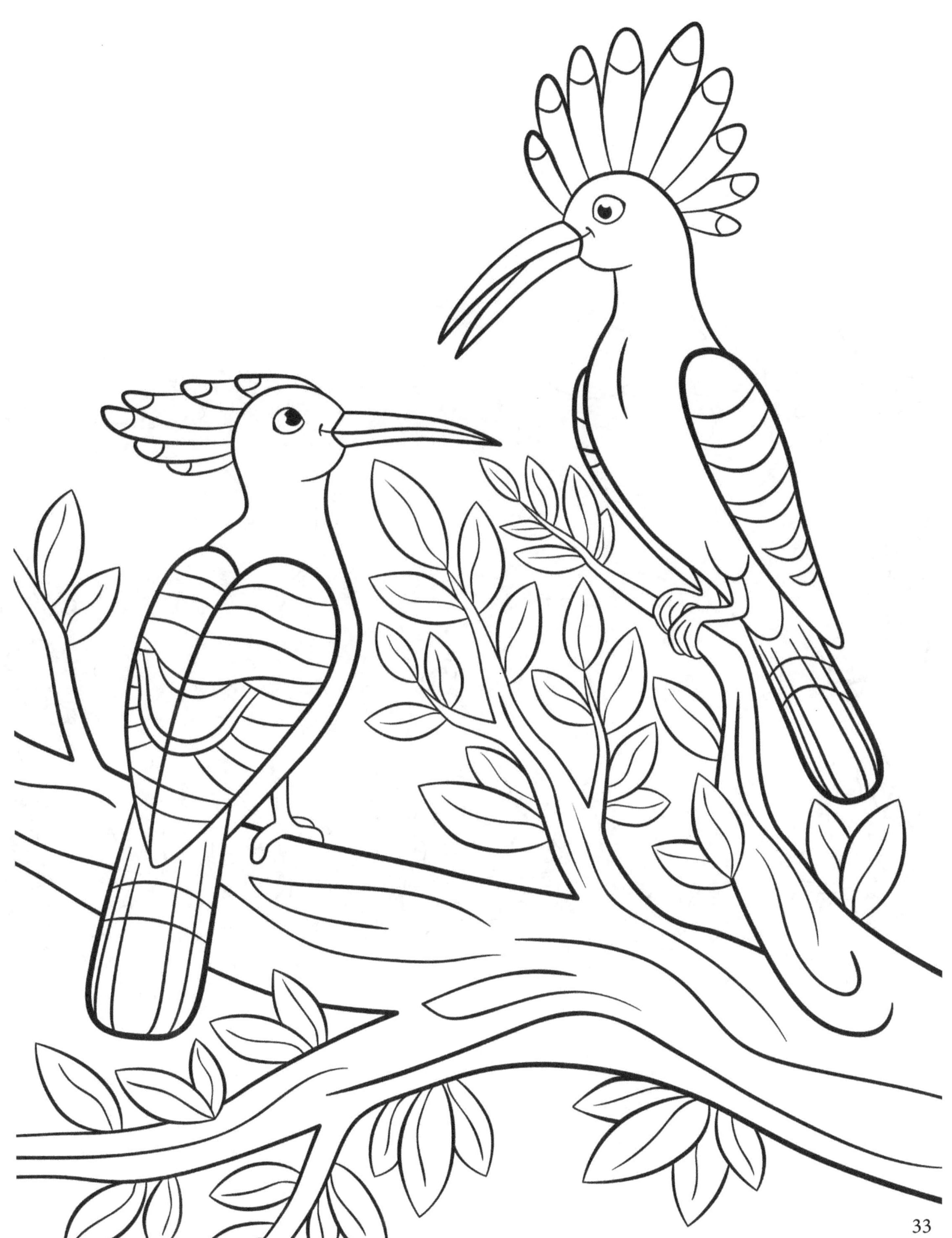

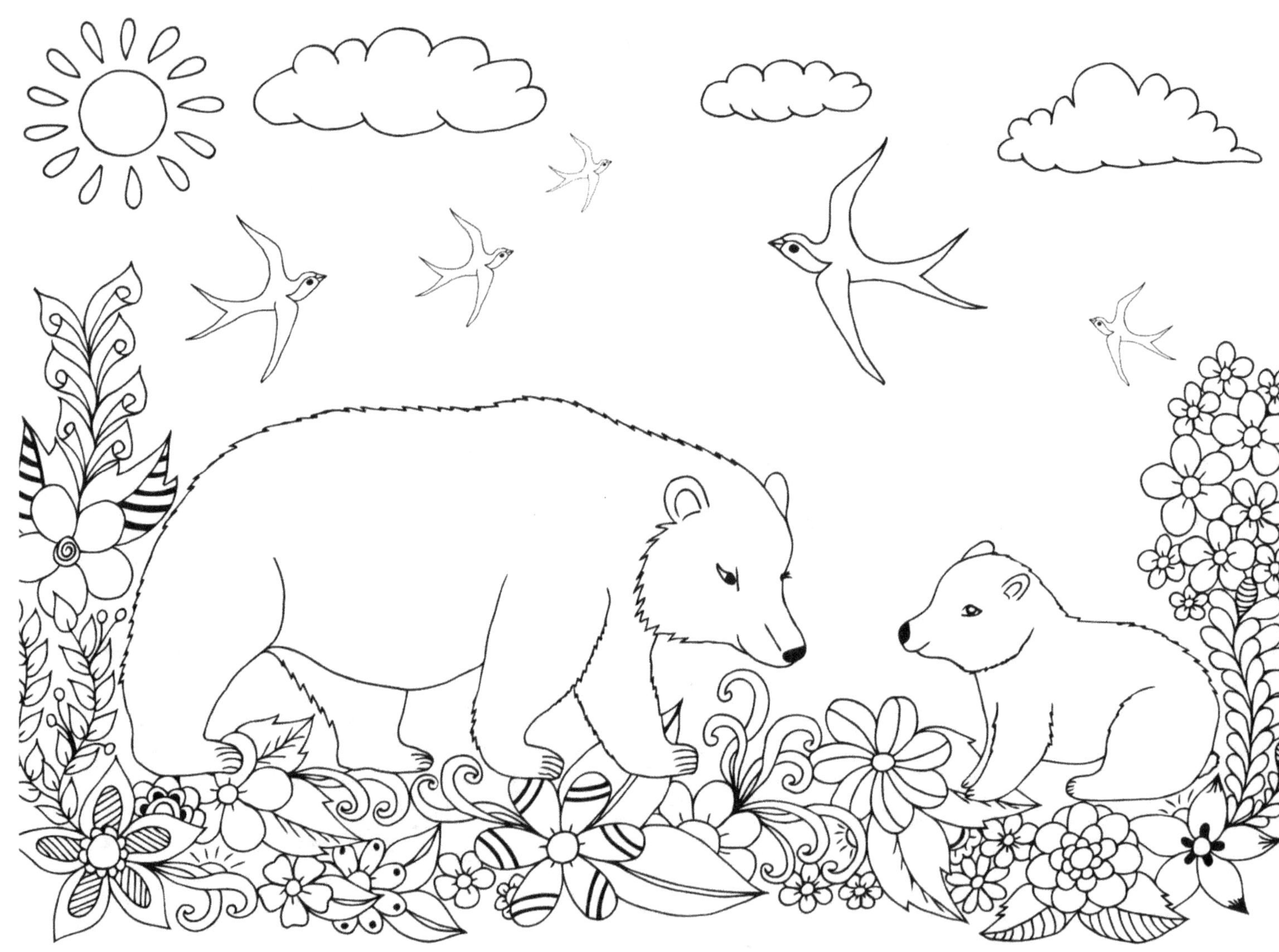